Heinrich
Bücker

Es ist alles drin!

Gedanken über Gott und die Welt durch das Jahr

Bibliografische Information Der Deutschen Bibliothek
Die Deutsche Bibliothek verzeichnet diese Publikation in der Deutschen Nationalbibliografie; detaillierte bibliografische Daten sind im Internet über http://dnb.d-nb.de abrufbar.

ISBN 978-3-941462-67-0
1. Auflage 2012

Gesamtherstellung: **dialog**verlag Münster

Titelbild: Manun@photocase.de

Inhalt

Vorwort

Kinder wollen gern wissen, warum etwas ist. Sie geben keine Ruhe, bis die Eltern es ihnen erklären. Ich kann mich erinnern, dass ich als Kind immer sehr neugierig war. So habe ich beispielsweise einmal gesehen, wie eine Frau weinend den Beichtstuhl verließ. Später habe ich den Kaplan gefragt, warum die Frau geweint habe. Er durfte es mir wegen des Beichtgeheimnisses nicht verraten und sagte: »Wenn du so etwas wissen willst, dann musst du schon selber Priester werden.« Das war der erste Anstoß, über meinen späteren Beruf nachzudenken. Neugier war also das Motiv. Ich möchte gerne wissen, warum etwas ist. Da bin ich im Grunde Kind geblieben. Ich möchte wissen, warum wir ein Fest feiern: Weihnachten, Ostern oder andere Tage. Mit der Zeit habe ich mir zum Ziel gesetzt, auch anderen ihre Frage nach dem Warum zu beantworten. Ich erkläre gerne alles. In einer Selbsterfahrungsgruppe sagte eine amerikanische Beraterin: »Henri likes to clarify.« Es stimmt: Ich kläre und erkläre gern alles.

Als Religionslehrer in der Berufsschule hatte ich viele Jahre dazu Gelegenheit. Auch in Predigten versuche ich aufzuklären. In der Psychotherapie helfe ich Menschen, dahinter zu steigen, warum und wozu sie ein Symptom haben. Seelische Erkrankungen haben einen geheimen Sinn. Den zu erfahren, ist heilsam. Seit Jahren habe ich noch einen anderen Weg gefunden, Menschen zu helfen, dass sie verstehen, warum etwas ist: Ich veröffentliche meine Gedanken und Erklärungen. So habe ich in der Tagespresse immer wieder die Bedeutung von Festen erklärt und Themen, die im Laufe des Jahres anstanden, erläutert. Ich erhielt häufig ein positives Feedback.

Nun freue ich mich, dass ich meine Gedanken über Gott und die Welt durch das Jahr in einem Buch weitergeben darf. Es geht darum, das Wissen zu mehren und den Glauben zu stärken.

Ich selber bin sehr dankbar dafür, dass ich gute Lehrer und Seelsorger hatte, die mir halfen, weniger oberflächlich zu leben und den Dingen auf den Grund zu gehen.

Heinrich Bücker

Advent, Zeit der Hoffnung

Advent bedeutet Ankunft. Es geht um die Wiederkunft Jesu und die Vollendung des Gottesreiches. Der typische Ruf in dieser Zeit lautet: »Seid wachsam!« (Mk 13,35). Auch wenn wir nicht wie die Urchristen die unmittelbare Wiederkunft des Herrn erwarten, so geht es doch auch heute darum, dass wir das Kommen des Herrn nicht verschlafen, sondern wach und gewissenhaft unsere Aufgaben erfüllen, die uns bis zur Rückkehr des Herrn übertragen sind. Der Ruf zur Wachsamkeit will uns heute wachrütteln für die Erfordernisse und Anforderungen der Gegenwart, uns auffordern, etwas zu tun für unser persönliches Reifen; er will unsere schöpferischen und guten Seiten wecken.

Der Adventskranz in unseren Kirchen und Häusern ist ein sinnvolles Zeichen für diesen Ruf zur Wachsamkeit. Der Kranz ist aus grünen, frischen und duftenden Zweigen geflochten. Er symbolisiert das Leben. Mitten im Winter setzen die Zweige Hoffnungszeichen inmitten von Vergehen und Absterben. Sie sind ein Appell an uns, selber solche Hoffnungszeichen zu sein in einer oft lieb und leblosen Umgebung. Die grünen Zweige regen uns an, Menschen zu sein, die Hoffnung, Wärme und Zuversicht ausstrahlen und weitergeben. Wir sollen Menschen sein, die wie die frischen Zweige angenehm, lebendig, erfrischend und wohltuend auf ihre Umgebung wirken. Was können wir uns mehr wünschen für unser Leben!

Die Zweige sind zum Kranz geflochten. Die Kreisform ist Sinnbild des Vollkommenen. In der Antike war er ein Siegespreis bei sportlichen Wettkämpfen. Der Apostel Paulus gebraucht dieses Bild des Siegeskranzes als Preis nach einem guten Lebenskampf. Wir alle sind aufgerufen, uns durch unser Verhalten nach diesem Siegeskranz auszustrecken.

Zum Adventskranz gehören auch die Lichter. Auch sie sind Zeichen der Hoffnung in der Dunkelheit unseres Lebens. Christen bekennen, dass Christus das Licht der Welt ist, das sie aufnehmen und weitergeben sollen. Die Lichter am Adventskranz wollen uns wach halten, wenn wir schläfrig und müde werden, stumpf und schwunglos. Sie können uns neu entzünden, wenn in uns das Licht des Glaubens und der Liebe ausgegangen ist, damit wir das Leben unserer Mitmenschen hell machen und die Finsternis vertreiben. Die Lichter erinnern uns an unsere Verantwortung, die wir für unsere Umwelt übernommen haben.

Die Vierzahl der Kerzen am Adventskranz, die wir nach und nach anzünden, sind Zeichen für die Zunahme unserer Erwartung und Hoffnung. Sie sind ein Symbol für Ganzheit, Größe und Einheit. So finden wir die Vierzahl in den 4 Himmelsrichtungen, den 4 Elementen der Antike, den 4 Jahreszeiten. In der Bibel kommt sie immer wieder als Zahl vierzig vor: 40 Tage Sintflut, 40 Jahre Wüstenwanderung, 40 Tage Versuchung Jesu in der Wüste. Die Vierzahl der Lichter will uns sagen, dass wir noch in der Bewährungszeit stehen und die Vollendung noch aussteht. Sie ist uns aber verheißen. Wir dürfen zuversichtlich der Vollendung entgegengehen. Darum ist der Advent vor allem eine Zeit der Hoffnung. Sehen wir also im Adventskranz nicht nur ein Schmuckstück, eine vorweihnachtliche Dekoration, sondern einen Weckruf zu mehr Wachsamkeit und Engagement.

Bring Christ back to Christmas

Vor einiger Zeit las ich den Aufruf: »Bring Christ back to Christmas!« Das Anliegen, Christus dem Weihnachtsfest zurückzugeben, kommt nicht von ungefähr. Wenn man in den Wochen vor dem Fest die Geschäfte und den Weihnachtsmarkt sieht, kann man den Eindruck gewinnen, dass Weihnachten ein ziemlich verweltlichtes und entleertes Fest geworden ist. Es fällt für viele mit einem großen Jahrmarkt der Geschäftemacherei zusammen, wo eine konsumorientierte Welt den Höhepunkt des Jahres feiert. Angesichts der Finanz- und Wirtschaftskrise beschäftigt viele nur die eine Sorge, dass hoffentlich nicht das Weihnachtsgeschäft darunter leidet. »Wenn das Geld im Kasten klingt, die Seele in den Himmel springt«, könnte man da nach einem alten irrigen Werbespruch sagen. Der religiöse Inhalt des Weihnachtsfestes interessiert nur wenig. Vielleicht gibt es da noch einige fromme Gefühle, Kindheitserinnerungen mit Rückkehrstimmung in eine meist versunkene, ferne und verlorene Heimat, mehr aber nicht. Es wird noch etwas Brauchtum gepflegt. So darf der Tannenbaum nicht fehlen. Aber das, worum es eigentlich geht, ist zur Nebensache geworden oder gar vergessen. Darum ist es wichtig, dass wir uns die Hauptsache wieder in Erinnerung rufen. Wir müssen Christus wieder in den Mittelpunkt des Weihnachtsfestes stellen. Wir feiern seine Geburt. Wir denken daran, dass Gott Mensch wird, sich ganz auf uns einlässt. Mit Jesus Christus kommt eine Hoffnung in unsere Welt. Seit Weihnachten geht Gott mit uns und führt uns weiter, sogar bis in die Weite des ewigen Lebens.

Die christlichen Feste wollen uns Hilfestellung geben, dass wir nicht vergessen, was Gott für uns getan hat. Darum sind wir zur Mitfeier der Gottesdienste eingeladen. Hier geht es nicht um irgendeinen Firlefanz, der den grauen Alltag nur ein wenig erhöht mit Lametta und mit Schein. Hier geht es um das Wesentliche des Festes, um unsere Erlösung durch Jesus Christus. Darum: »Bring Christ back to Christmas!« Gebt Christus dem Weihnachtsfest zurück.

Ich erinnere mich an die Erzählung, wie der Dichter Rainer Maria Rilke in Paris einer Bettlerin statt einer Münze eine Rose in die Hand legte. Da sie danach eine Woche lang ausblieb und erst dann wieder ihren Platz zum Betteln einnahm, fragte eine Freundin den Dichter: »Wovon mag die Arme die ganze Woche gelebt haben?« Rilke antwortete: »Von der Rose!« Es entspricht unserer Erfahrung, dass man von Zuwendung und Liebe leben kann. Wenn Kinder keine Liebe bekommen, verkümmern sie und werden krank. Hat nicht auch Gott mit Jesus eine Rose in unsere Hände gelegt? Er gab uns seine Liebe in seinem menschgewordenen Sohn. Die Bettlerin in Paris konnte von Rilkes Rose eine Woche lang leben. Wir können von Gottes Rose ewig leben. Darum singen wir an Weihnachten begeistert: »Es ist ein Ros entsprungen von einer Wurzel zart. Wie uns die Alten sungen, von Jesse kam die Art.« Ich denke in diesen Tagen oft: Würden die Menschen stärker an die Liebe Gottes in Jesus Christus glauben, sie wären glücklicher.

Weihnachten will uns Mut machen

»Alle Jahre wieder« war in großen Buchstaben auf einem Werbeblatt vor Weihnachten zu lesen. Es ging um Werbung für den Kauf von neuer Kleidung. Zugegeben: Ich habe mich als Kind gefreut, wenn auf dem weihnachtlichen Gabentisch ein neues Hemd, ein neuer Pullover oder ein anderes Kleidungsstück für mich lag.

Alle Jahre wieder ein nettes Geschenk zu Weihnachten, damit rechnen viele. Aber ist das schon Weihnachten? Ich erinnere mich, dass einmal eine Frau in der Christmette ihren kostbaren Armreif, den ihr Mann ihr geschenkt hatte, verlor. Trotz intensiver Suche fanden sie ihn nicht. Die Frau sagte weinend: »Jetzt habe ich kein Weihnachten mehr!«

Ist Weihnachten nur ein Fest der Geschenke? Ich habe da meine Zweifel. Alle Jahre wieder kommen unzählige Menschen in die Weihnachtsgottesdienste. Da muss wohl noch etwas anderes sein, was Menschen suchen. Nostalgie reicht als Erklärung nicht. Beim Propheten Jesaja lesen wir: »Sagt den Verzagten: Habt Mut, fürchtet euch nicht! Seht, hier ist euer Gott! Er selbst wird kommen und euch erretten« (Jes 35,4).

Ich denke daran, dass heute viele Menschen entmutigt sind. Wenn die Suche nach einer Ausbildungsstelle oder einem Arbeitsplatz ohne Erfolg bleibt, wenn der Druck in der Firma immer größer wird und die Arbeit keinen Spaß mehr macht, wenn Spannungen in der Familie nicht ausbleiben, wenn ein liebevoller Mensch an der Seite fehlt, wenn Schuld Menschen bedrückt, dann sinkt der Mut und steigen die Ängste. Nicht selten werden Menschen dann krank. Da tut das Prophetenwort gut: »Habt Mut, fürchtet euch nicht!«

Wir glauben als Christen, dass in Jesus Gott in unsere Welt gekommen ist, um uns zu erretten aus all den Drangsalen unseres Lebens. An Weihnachten macht sich die Hoffnung breit, dass wir nicht von Gott verlassen sind. Die Menschwerdung des Gottessohnes enthält die Zusage, dass Gott uns nicht fallen lässt.

Alle Jahre wieder verkünden wir die Botschaft von der Liebe Gottes zu uns. Zwar werden wir auch in Zukunft nicht frei sein von Sorgen und Nöten, wir dürfen aber Mut schöpfen und können unsere Ängste überwinden, weil Gott unser Leben mit uns lebt und am Ende alles zum Guten führt. Das Kind in der Krippe schenkt uns diese Zuversicht, denn Gott ist mit uns.

Lassen wir uns davon erfüllen alle Jahre wieder und so frohe Weihnachten feiern mit einem Geschenk, das Gott uns macht. Das ist unendlich viel mehr als die üblichen Geschenke auf dem weihnachtlichen Gabentisch. Es lohnt sich also, aus diesem Grunde Weihnachten zu feiern alle Jahre wieder.

Gottes Nähe
Gedanken zum Weihnachtsfest

In der Adventszeit fragte ich eine ältere Frau, die oft allein ist, was sie sich zu Weihnachten wünsche. Spontan kam die Antwort: »Die Nähe eines Menschen.« In dem Film »Das Haus am Ende des Tunnels«, der vor einigen Jahren im Fernsehen zu sehen war, sagt ein Patient einer Frankfurter Aids-Station: »Was ich brauche, sind eigentlich Menschen.«

Ärzte machen immer wieder die Erfahrung, dass die Nähe eines lieben Menschen für den Heilungsprozess der Patienten von großer Bedeutung ist.

Der Mensch ist nun einmal ein Gemeinschaftswesen. Er kann auf Dauer ohne die Nähe von Menschen nicht leben. Diese Nähe ist aber nicht immer gegeben. Gerade in unserer Zeit leiden viele Menschen am Alleinsein. Nicht ohne Grund wird die Telefonseelsorge an den Feiertagen oft von Leuten angerufen, die sonst keinen Menschen haben.

Die Gründe für den Mangel an menschlicher Nähe sind vielfältig. Da sind häufig Verluste zu beklagen. Menschen, mit denen man eng verbunden war, sind weggezogen oder verstorben. Manchmal sind auch Streitigkeiten oder Entfremdung der Grund für das Alleinsein. Ablehnung oder das Misslingen von Liebe und Treue können eine Rolle spielen. Wir sprechen von menschlichem Versagen, von Sünde.

Da kann sich Enttäuschung, ja Depression einstellen.

Die Reaktion auf diesen Zustand ruft Sehnsucht hervor. Jemand spürt, dass es so nicht weitergehen kann. Vielleicht lässt sich ja ein Mensch finden, der heilende Nähe schenkt.

Es ist wichtig, offene Augen dafür zu haben.

Zum Glück sind wir bei unserer Suche nach menschlicher Nähe nicht von Gott verlassen. Weihnachten wird uns die Botschaft zuteil, dass Gott selbst unsere Not wendet. Sein Sohn wird Mensch, uns allen ganz nahe. Jesus Christus ist es, der uns menschliche Nähe schenkt.

Er kommt in unsere Welt, so wie sie ist: nicht heil, sondern heimgesucht von Katastrophen.

Vor einigen Jahren haben Jugendliche unserer Gemeinde diesen Zustand in einer modernen Krippendarstellung ins Bild gesetzt: Gott kommt in einem durch Terror zerstörten Hotel zur Welt. Dort, wo kein Mensch mehr zu finden ist, wo menschliche Nähe absolute Mangelware ist, kommt er als Heiland der Welt, als einer, der heilt nicht mit Zauberkraft oder Wundermittel sondern durch menschliche Nähe.

Das ist die frohe Botschaft von Weihnachten. Niemand ist mehr wirklich allein. Einer ist bei uns, Gottes Sohn zu Betlehem geboren. Gott liebt uns mit menschlicher Nähe.

Das Weihnachtsgeschenk

Ein bekannter Handelskonzern wirbt vor Weihnachten mit dem Slogan: »Weihnachten wird unter dem Tannenbaum entschieden.« Da geht es um die günstigsten Weihnachtsgeschenke, die natürlich gekauft werden sollen. Weihnachten ist aber nicht zuerst das Fest der Geschenke, sondern des Geschenks. Gott schenkt uns seinen Sohn.

Darum haben junge Christen gegen die besagte Werbung den Satz gesetzt: »Weihnachten wird in der Krippe entschieden.« Dort liegt das Geheimnis von Weihnachten. Gott selber wird Mensch, versetzt sich in unsere Lage, fühlt mit uns.

Lebensberater, Telefonseelsorger und Psychotherapeuten können Menschen, die sich in Not und Krankheit an sie wenden, nur helfen, wenn sie sich in ihre Lage versetzen. Nur dann können sie die Ratsuchenden verstehen, mit ihnen fühlen. Eigentlich gilt das von jedem, der anderen helfen will.

Seit seiner Menschwerdung kann Gott mit uns Menschen fühlen. Er lebt unser Leben von der Krippe bis zum Kreuz. Es gibt kein Leid in dieser Welt, das er nicht erfahren hätte. Im Hebräerbrief schreibt der Apostel Paulus: »Wir haben ja nicht einen Hohenpriester, der nicht mitfühlen könnte mit unserer Schwäche« (Hebr. 4,15). Dabei ist sein Menschsein nicht nur eine Episode. Er hat es mit der Himmelfahrt nicht abgestreift, sondern bleibt als Gott für immer auch Mensch. Er bindet sich permanent an die Menschheit.

So sind wir Menschen ewig mit ihm verbunden, wenn wir diese Gemeinschaft, die uns in der Taufe geschenkt wurde, nicht aufkündigen. Die Trennung von Gott bedeutet für uns am Ende den Tod, die Gemeinschaft mit ihm aber das Leben.

Wenn eine Frau ein Kind zur Welt bringt, spricht man auch von »Niederkunft«. Wir könnten sagen: Gott ist in der Geburt seines Sohnes Jesus Christus »niedergekommen«. Tiefer konnte er nicht kommen. Er kommt zu uns in unserer Armseligkeit, nimmt uns an die Hand, rettet uns aus aller Not und führt uns durch den Tod hindurch in ein Leben in Fülle.

Wir haben für immer einen, der uns versteht. Weihnachten bleibt aktuell. Es ist nicht am zweiten Weihnachtstag vorbei, weil Gott in Jesus, der zu seiner Rechten sitzt, Mensch bleibt.

Jesus, der uns versteht, tritt für uns ein. Ihn hat Gott

uns geschenkt. Das ist der Inhalt des Weihnachtsfestes. Wir sollten uns den Blick für dieses schöne Fest nicht durch Geschenke aller Art verstellen lassen, sondern auf das eine Geschenk schauen, das in der Krippe liegt. Weihnachten wird nicht unter dem Tannenbaum entschieden, sondern in der Krippe.

Diese Liebe, die von Gott kommt, kann für uns der Motor sein, selber wieder mehr Mensch zu werden, um andere zu verstehen, mit ihnen zu fühlen und ihnen zu helfen.

In jedem Jahr bittet uns Adveniat um unsere Hilfe für Lateinamerika. Die Aktion hat ihren Namen aus dem Vaterunser: »Adveniat regnum tuum, dein Reich komme.« Nach dem bekannten Aufruf: »Mach's wie Gott, werde Mensch!« sollten wir uns in die Lage der vielen Notleidenden versetzen und mitfühlend helfen. So wird Weihnachten auch in unserem Herzen entschieden.

Der Christbaum

Immer noch erfreut sich der Tannenbaum zu Weihnachten großer Beliebtheit. Er steht festlich geschmückt in fast allen Wohnungen. Die Menschen sprechen vom »Weihnachtsbaum« und nur noch selten vom »Christbaum«, so wie sie vom »Weihnachtsmann« reden und nicht vom »Christkind«. Die Verweltlichung kommt schleichend, je mehr die Menschen die religiösen Inhalte vergessen. Darum ist es wichtig, daran zu erinnern, sonst werden die schönen Feste sinnentleert und damit wirkungslos.

Der Weihnachtsbaum ist für Gläubige der Christbaum. Er enthält eine tiefe Symbolik. – Bäume waren schon immer Zeichen für Leben und Heil. Ich erinnere an die heiligen Bäume der Germanen. In der dunklen und kalten Jahreszeit brachten sie grüne Zweige in die Häuser und erhofften davon Heil- und Segenskräfte.

Bäume als Hoffnungszeichen gibt es auch sonst. Ich denke an den Maibaum im Frühling, an den Hochzeitsbaum, den es mancherorts noch gibt, an das Firstbäumchen oder den Richtkranz nach Fertigstellung des Dachstuhls eines Hauses. Tote werden in einen hölzernen Sarg gelegt. Dieser war ursprünglich ein ausgehöhlter Baumstamm. Er ist ein Zeichen der Hoffnung: Der Baum sollte Wurzeln schlagen und das Leben neu erblühen. So verstehen wir besser die Zeilen von Friedrich Spee aus dem Jahre 1622: »O Erd schlag aus, schlag aus, o Erd, dass Berg und Tal grün alles werd. O Erd, herfür dies Blümlein bring, o Heiland aus der Erden spring.«

Der Weihnachtsbaum ist in besonderer Weise Symbol der Hoffnung auf Lebensfülle. Christen nennen ihn deshalb Christbaum. Jesus ist für sie Licht und Leben, er ist wie ein Baum in ihr Leben, ihr Herz eingepflanzt. Der Christbaumschmuck verdeutlicht den christlichen Glauben noch stärker. Jesus Christus ist Licht der Welt und Brot des Lebens durch seinen Tod und seine Auferstehung. Da zeigt sich der Zusammenhang von Krippe und Kreuz. Die Tannenzweige sind wie Kreuzzeichen und somit Symbol für Tod und Auferstehung.

Die Kerzen am Tannenbaum sind Zeichen für Christus als Licht der Welt. Das Gebäck steht für das Brot des Lebens. Die Kugeln sind vergoldete Äpfel, himmlische Speise, die Gott uns durch Christus gibt. Sie sind Zeichen für die Lebensfülle, die wir erwarten dürfen.

Der Weihnachtsbaum mit seiner ganzen Symbolik steht zuallererst für das Geschenk, das Gott uns Menschen durch die Menschwerdung seines Sohnes mit all dem, was dann folgt, macht.

Er ist aber auch ein Aufruf an uns. Auch wir sollen Licht sein für andere, sollen Früchte der Liebe bringen. »Eure Güte werde allen Menschen bekannt«, schreibt der Apostel Paulus (Phil. 4,5).

Hilfswerke rufen zu Weihnachten alle dazu auf, durch eine Weihnachtsgabe den Menschen in Not Hoffnung und Zukunft zu schenken.

So hat der Christbaum es wirklich in sich. Er spricht unser Herz an, nicht unseren Kopf. Seine Botschaft kann uns zu Herzen gehen, wenn wir dafür empfänglich sind.

Stille Nacht, heilige Nacht

Das wohl bekannteste Weihnachtslied »Stille Nacht« wurde 1816 im Salzburger Land von dem jungen Priester Josef Mohr verfasst und kurz darauf von dessen Freund Franz Gruber vertont.

Es ist ein Lied, das vor allem das Gemüt anspricht und nicht so sehr den Verstand. Das ist auch der Grund für die weltweite Beliebtheit.

Es entbehrt allerdings nicht des biblischen Inhaltes, sondern gibt die zentrale Botschaft des Weihnachtsfestes wieder.

Schon der Beginn »Stille Nacht, heilige Nacht« will uns sagen, dass es eine Nacht gibt, die nicht voll ist von Angst machender Dunkelheit, sondern von Heil. Heilig hat mit Heil zu tun.

Die Weihnachtsbotschaft schenkt Menschen Ruhe und Geborgenheit. Bereits das Jesuskind konnte von seinen Eltern treu bewacht in Ruhe schlafen und mit ihm alle anderen, denen sonst die Angst den Schlaf raubt: »Alles schläft, einsam wacht nur das traute, hochheilige Paar. Holder Knabe im lockigen Haar, schlaf in himmlischer Ruh«. Das »lockige Haar« lässt an ein schönes Kind denken. Die Krippe ist eben der Anbruch einer heilen Welt in aller Unbehaustheit und Zerstörung. »Stille Nacht« ist wie ein Wiegenlied, mit dem Vater oder Mutter ihr Kind in den Schlaf singen.

Dass Engel die Botschaft von der Rettung der Welt

den Hirten bringen, entspricht der Tatsache, dass Gott der Freund der Kleinen und Schwachen ist. Hirten waren damals die Ausgegrenzten. Auch heute gilt die Frohbotschaft zuallererst den Armen. »Hirten erst kund gemacht; durch der Engel Halleluja tönt es laut von fern und nah: Christ, der Retter ist da!« Ich denke an die Kleinen und Schwachen unserer Zeit, an die Wohnungslosen, an die vielen Menschen in den von Katastrophen heimgesuchten Gebieten unserer Erde. Mir fallen die Trauernden ein, die Kranken. Auch die in Schuld verstrickten Menschen zählen zu den Armen. Armut hat viele Gesichter. Martin Luther sagte: »Bettler sind wir« und sprach damit unsere Erlösungsbedürftigkeit an.

Uns Menschen kann das Lachen vergehen. Wie viele haben lange kein Lächeln mehr erfahren, müssen ohne Liebe, ohne die Nähe eines guten Menschen leben! Da folgt nun die Strophe: »Gottes Sohn, o wie lacht Lieb aus deinem göttlichen Mund, da uns schlägt die rettende Stund, Christ in deiner Geburt.« Die Vorstellung, dass Gott selbst uns seine Liebe kund tut in einem menschlichen Lächeln, kann jeden trösten, der sich einsam und verlassen fühlt. In einem Erdbebengebiet sagte der Bürgermeister eines völlig zerstörten Ortes zu einem Reporter: »Wir können zu Weihnachten unseren Kindern nichts anderes schenken als unser Lächeln.« Unterschätzen wir den Wert eines Lächelns nicht, besonders wenn es von einem Kind kommt. Weihnachten wird uns das erlösende Lächeln des göttlichen Kindes geschenkt: der Grund unserer Freude. Uns wird das Lachen nicht vergehen, weil Gott uns unsagbar liebt.

Diese Freude weiterzugeben, am besten zu singen, ist Anliegen derer, die begriffen haben, was Weihnachten eigentlich bedeutet. Wir sind nicht von Gott verlassen seit jener stillen Nacht, in der uns frei von Lärm und Kriegsgeschrei der göttliche Friede zuteil wurde. Darum singe, wer mag: »Stille Nacht, heilige Nacht, da uns schlägt die rettende Stund«.

Sonne der Gerechtigkeit

Weihnachten feiern wir die Geburt Jesu. Tatsächlich aber weiß niemand genau, wann und wo Jesus geboren ist. Forscher nehmen an, dass es in der Zeit 4 bis 7 vor der jetzigen Zeitrechnung gewesen sein könnte. Irgendeiner muss sich da wohl bei der Erstellung des christlichen Kalenders verrechnet haben. Das Datum 25. Dezember ist eher eine kluge Erfindung. Da war das alte Fest der Sonnenwende. Ab dann wurden die Tage wieder länger. Der Winter hatte seinen Höhepunkt erreicht. Man dachte daran, dass die Sonne immer mehr die Kälte des Winters überwinden wird. Man sprach von dem »Sol invictus«, der unbesiegbaren Sonne. Dieses Fest, das immer schon »Weihnachten« hieß, war sehr beliebt. Wer freut sich nicht, wenn angesagt wird, dass Dunkelheit und Kälte abnehmen und Frühling werden wird? Alles, was Hoffnung schenkt, lässt Menschen aufatmen und vermittelt gute Gefühle.

Das Christentum, das anfangs nur Ostern feierte und das schließlich jeden Sonntag, hat eines Tages das alte Weihnachtsfest mit neuem Inhalt gefüllt. Es sollte das Geburtsfest Jesu werden. Für die Christen war Jesus der eigentliche »Sol invictus«, die unbesiegbare Sonne. Ihn hatte der himmlische Vater Ostern von den Toten auferweckt. Durch sein Kommen hat er die Dunkelheit der Welt überwunden. Er ist wie die Wintersonnenwende: Die Dunkelheit nimmt ab, das Licht wird stärker. Seine Geburt ist der Beginn einer neuen Hoffnung.

Was hätte uns schon eine Geburtsurkunde vom Standesamt in Betlehem mit genauen historischen Angaben sagen können? Seine Geburt, verbunden mit dem alten Weihnachtsmythos, sagt uns einfach mehr. Es sagt uns, was er für uns alle ist: die Sonne, das Leben, die Zukunft. Er ist unser Erlöser. Dieser Glaube hilft uns, unseren Pessimismus zu überwinden, die Angst und die Sorge, am Ende bliebe uns nichts als der Kältetod. Zu wissen, dass Gott mit uns Menschen einen neuen Anfang macht, ja dass er die Sonne der Gerechtigkeit über uns aufgehen lässt, ist wahrhaftig frohe Botschaft. Sie erfüllt uns mit großer Freude, auch wenn wir noch manches durchleben und durchleiden müssen.

»Sonne der Gerechtigkeit, gehe auf zu unsrer Zeit!«, singen wir in einem Kirchenlied.

Auch die Weihnachtslieder vermitteln uns den Grundtenor dieses Evangeliums von der Geburt des Herrn.

Ein Wort, das es in sich hat

Gern hören wir die Weihnachtsgeschichte des Evangelisten Lukas. Da ist die Rede von Kaiser Augustus und seiner Volkszählung. Sie hat die Herbergssuche von Maria und Josef zur Folge. Sie müssen nach Betlehem, weil dort ihre familiären Wurzeln liegen. Wegen Überfüllung finden sie kein vernünftiges Quartier. Es bleibt ihnen nur ein ärmlicher Stall. Dort wird Jesus geboren, umgeben von Hirten und Engeln, und natürlich von Tieren. Ursprünglich waren die Umstände der Geburt des Erlösers nicht gerade prickelnd. Mit der Zeit aber klingt die Geschichte recht idyllisch.

Viel nüchterner ist dagegen die Weihnachtsbotschaft des Evangelisten Johannes. Sie ist in einem knappen Satz zusammengefasst: »Und das Wort ist Fleisch geworden und hat unter uns gewohnt« (Joh 1,14). Das Glaubensbekenntnis der Kirche drückt dies so aus: »Für uns Menschen und zu unserem Heil ist er vom Himmel herabgekommen, hat Fleisch angenommen durch den heiligen Geist von der Jungfrau Maria und ist Mensch geworden.«

Gott sendet uns ein Wort, das es in sich hat. Dieses Wort heißt Jesus. Es ist ein Wort zum Anfassen. Gott ist nicht mehr der Ferne. Er ist uns ganz nahe in seinem Wort, das Mensch geworden ist. Johannes spricht sogar von Fleisch, das Gottes Wort angenommen hat, um deutlich zu machen, dass Gott uns liebt, ganz, mit Leib und Seele.

Siegmund Freud erzählt von einem Kind, das im Dunkeln Angst hatte. Es rief in seiner Not: »Tante, sprich zu mir, ich fürchte mich!« Die Tante antwortete: »Was hast du davon, wenn ich spreche, du siehst mich ja nicht!« Das Kind antwortete: »Wenn jemand spricht, wird es heller.« Ich möchte sagen: Gott spricht zu uns in dem Kind von Betlehem, und die Welt wird heller.

Menschen möchten angesprochen werden. Sie sehnen sich nach einem guten Wort. Einsame, alleinstehende Menschen lassen häufig schon deshalb das Radio oder den Fernseher laufen, um jemanden sprechen zu hören. Eine schwerhörige Frau sagte mir bei einem Besuch: »Ich verstehe fast nichts, aber ich höre, dass einer spricht, und das tut gut.«

Weihnachten enthält die Botschaft, dass Gottes ewiges Wort als Mensch in diese unsere Welt kam, damit wir uns nicht fürchten müssen. So sagt der Engel zu den Hirten: »Fürchtet euch nicht!« (Lk 2,10).

Der Bischof von Mainz, Karl Kardinal Lehmann, beschreibt das Weihnachtsgeheimnis so:

»Das Kind in der Krippe strahlt aus, was die Welt heute braucht:

Frieden, Freundlichkeit und Hoffnung:

Frieden – als Antwort auf jede Gewalttätigkeit,

Freundlichkeit – als Antwort auf das Fehlen von Güte und Liebe,

Licht – als Antwort auf die Dunkelheiten unseres Lebens und unserer Zeit,

Hoffnung – als Antwort für die Menschen, die keinen Sinn finden und sich einsam fühlen.«

Das Geheimnis

Es war in der schlechten Zeit Ende des Krieges. Zu kaufen gab es kaum etwas. So mussten wir uns zu Weihnachten Geschenke selber basteln. Mein Vater hatte eine Werkstatt. In der Zeit vor Weihnachten war sie immer abgeschlossen. Wir Kinder durften nicht hinein. Ich wollte aber wissen, was sich in der Werkstatt abspielte und fragte meinen Vater. Der antwortete: »Ich stelle in den Abendstunden die Werkstatt dem Christkind zur Verfügung. Es braucht ja einen Raum, um darin seine Geschenke herzustellen.« Ich dachte, ob denn die Bomben des Krieges den Himmel zerstört haben, sodass das Christkind evakuiert werden musste?

Eines Abends schlich ich mich leise zur Tür der väterlichen Werkstatt und schaute durch das Schlüsselloch, um das Christkind bei der Arbeit zu sehen. Ich sah lange, farbige Holzlatten in Rot, Grün, Blau und Gelb. Und dann sah ich meinen Vater mit einer Säge in der Hand. Er sägte kurze Stücke von den Latten ab. Dann strich er die abgesägten Enden mit der jeweiligen Farbe an.

Blitzartig wurde mir klar, dass es sich um die Bauklötze handelte, die wir Kinder jedes Jahr zu Weihnachten zu unserer großen Freude vom Christkind bekommen. Doch jetzt hatte ich mich um das bezaubernde Weihnachtsgeheimnis gebracht. Ich war dahinter gekommen, dass es das Christkind gar nicht gibt, vielmehr machte mein Vater die Bauklötze. Enttäuscht blieb ich vor der Tür stehen. Dann ging sie plötzlich auf, und mein Vater kam heraus.

»Was machst du denn hier?«, fragte er. »Ich?«, antwortete ich, »ich habe durch das Schlüsselloch geschaut und gesehen, dass du die Bauklötze machst. Das Christkind habe ich nicht gesehen.« Ich muss meinen Vater ziemlich verstört angesehen haben. Tröstend legte er seinen Arm um mich und sagte: »Das ist ja ganz klar: Das Christkind kannst du auch nicht sehen. Es ist nämlich unsichtbar. Aber glaube mir: Vor Weihnachten ist es immer das Christkind, das meine Hand beim Sägen und Anstreichen führt. Meinst du, die Bauklötze würden ohne es so schön?« »Ach so«, sagte ich erleichtert, »ich verstehe: das Christkind gibt es also doch.« Ich weiß noch, dass dieses Weihnachtsfest eines der schönsten war. Ich freute mich, dass das Christkind die Menschen mit einbezog in sein Wirken und Werken.

Als die wunderschönen neuen Bauklötze Weihnachten unter dem Weihnachtsbaum lagen, habe ich sie als das Werk des Himmels angesehen. Heute noch geht es mir so, dass ich die unsichtbare Hand Gottes sehe, wenn ich Werke von Menschen betrachte.

Inventur zu Silvester

Am Ende des Jahres machen die Geschäfte bekanntlich Inventur. Bestandsaufnahme ist wichtig. Die Bilanz eines Geschäftes ist dann gut, wenn die Großeinkäufe nicht in den Regalen liegen geblieben sind, sondern verkauft wurden.

Eigentlich sollte jeder von uns am Ende des Jahres Inventur machen. Im Laufe des Jahres haben wir eine Menge Möglichkeiten gehabt, Chancen, Gaben und Talente. Es hat Augenblicke gegeben, in denen wir uns selbst, aber auch anderen Gutes tun konnten. In unseren »Regalen« lagen Dinge, mit denen wir etwas Schönes anfangen konnten. Es kann unsere Begabung sein, aber auch unsere Hoffnung, unser Glaube. Die Frage ist, ob wir etwas Sinnvolles damit angefangen haben. Wie der Kaufmann seine Ware an den Mann oder an die Frau bringen muss, wenn die Bilanz zu Silvester gut sein soll, so müssen auch wir vor allem unsere Liebe an andere weitergeben und dürfen nicht damit geizen. »Geiz ist geil« sollte keine Losung für einen Menschen sein, der ein fruchtbares Leben führen will. Wer nur an sich denkt, wird am Ende nicht glücklich. Dabei ist es wichtig, dass wir uns in unseren Unternehmungen nicht entmutigen lassen. Ich habe an meinem linken Zeigefinger eine verheilte Schnittwunde. Ich habe mir als Kind in den Finger geschnitten, als ich mit einem scharfen Messer zu schnitzen versuchte. Ich hätte entmutigt das Messer weglegen und meinen Kinderwunsch, einmal Holzbildhauer zu werden, aufgeben können. Ich habe aber weitergemacht, auch wenn ich später statt Bildhauer Pfarrer geworden bin. Ich »bearbeite« jetzt Menschen und kein Holz, aber der Richtung bin ich treu geblieben. Es ist wichtig, dass wir unseren Weg gehen mit positiven Erwartungen, sonst wird das nichts. Schon Alfred Adler, ein Arzt und Psychotherapeut, stellte Ende des achtzehnten Jahrhunderts fest, dass wir unsere Erfahrungen durch unsere Erwartungen selber machen. Wenn jemand glaubt, ein Versager zu sein, wird ihm kaum etwas gelingen. Er wird seine eigene »Prophetie« erfüllen. Ganz andere Erfahrungen macht der positiv denkende Mensch. Er glaubt an sein Glück und bekommt es auch in aller Regel. Darum ist es gut, wenn wir uns auf unsere Ressourcen besinnen und diese dann nutzen.

Wenn wir am Ende des Jahres Inventur machen und Bilanz ziehen, wird natürlich nicht alles positiv sein. Manches ist uns auch nicht gegeben worden oder nicht gelungen. Es tut uns aber nicht gut, wenn wir alles nur mit der schwarzen Brille betrachten. Halten wir uns lieber den Blick frei für alles Gute, das wir zum Glück im zurückliegenden Jahr erleben durften und lassen wir uns die Zuversicht für das neue Jahr nicht nehmen! Dabei empfehle ich nicht die bekannten guten Vorsätze. Der Weg zur Hölle ist bekanntlich damit gepflastert. Es ist besser, sich zu sagen: Ich werde dieses oder jenes tun, freundlicher sein, nicht mehr rauchen oder was ich sonst noch wünsche. Der Glaube kann bekanntlich Berge versetzen. Machen wir uns doch mutig daran, auch wenn es am Ende des neuen Jahres nur ein Hügel sein sollte, den wir abgetragen haben.

Böllern zu Silvester

Überall wird zu Silvester tüchtig geböllert. Fragen wir uns einmal, was das Böllern am Jahresende für einen Sinn hat.

Mit dem frommen Papst Silvester aus dem 4. Jahrhundert, der eher bescheiden und zurückgezogen lebte, hat das nichts zu tun. Der Ursprung liegt vielmehr in alten heidnischen Bräuchen, nach denen durch viel Lärm die bösen Geister vertrieben werden sollten.

Es gibt aber auch psychologische Gründe. Im Laufe des Jahres hat sich bei uns so manches angestaut. Irgendwann ist das Maß voll, und man möchte explodieren. Genau das geschieht am letzten Tag des Jahres wenigstens symbolisch. Indem einer Raketen in die Luft schießt, lässt er all das explosive Zeug heraus, das er vielleicht zu oft in sich hineingefressen hat. Vielleicht möchte jemand auch einfach mal einen unangenehmen Zeitgenossen auf den Mond schießen. Diese Motive sind natürlich unbewusst, spielen aber trotzdem eine Rolle.

Hinzu kommt auch noch eine gewisse Freude am Glänzen und Leuchten. Wer möchte nicht wenigstens gelegentlich ein wenig glänzen, eine Leuchte sein, ein Stern am Firmament, ein Star?

Da auch viele Christen einen Heidenspaß am Böllern zu Silvester haben, sollte man nicht dagegen predigen. aber vielleicht um Nachdenklichkeit bitten, dass man es nicht übertreibt und auch noch an eine Alternative denkt. Da gibt es zum Beispiel die Aktion »Brot statt Böllern«.

Sie besteht darin, dass Menschen etwas weniger böllern und das gesparte Geld zur Bekämpfung von Hunger und Not in der Welt ausgeben. Man kann ja nicht einfach die vielen Schreckensnachrichten hören und nichts tun. Es bietet sich förmlich an, besonders am Ende des Jahres durch Spenden einen Ausgleich zu schaffen für manche Unterlassung des Guten im Laufe des Jahres.

Ich selbst böllere zu Silvester nicht. Wenn sich bei mir etwas angestaut hat, lasse ich es beizeiten heraus. Ein klärendes Gespräch zur rechten Zeit kann unnötiges Explodieren vermeiden. Und was das Glänzen angeht, da halte ich es mit Matthäus 5,16: »Lasst euer Licht vor den Menschen leuchten, damit sie eure guten Werke sehen und euren Vater im Himmel preisen.« Wir Christen müssen uns nicht verstecken, wenn wir Gutes aufzuweisen haben. Schlechte Nachrichten gibt es schon genug. Da tut es auch gut, von guten Taten zu hören.

Böllern zu Silvester, wer will es den Leuten verwehren? Es gibt aber auch Alternativen für eine sinnvolle Kompensation, und die sollten wir nutzen.

Der gute Rutsch ins neue Jahr

Am Ende des Jahres wünschen wir uns einen guten Rutsch ins neue Jahr. Viele meinen damit, dass der Übergang in den neuen Zeitabschnitt leicht und angenehm sein möge, und auch das neue Jahr soll gut und unfallfrei verlaufen. Was viele nicht wissen, ist, dass das Wort »Rutsch« aus dem Hebräischen kommt, nämlich von dem Wort »Rosch«, das wörtlich übersetzt »Kopf des Jahres« bedeutet und folglich einen guten Jahresbeginn meint. Unsere jüdischen Mitbürger bezeichnen damit ihr Neujahrsfest, das sie allerdings zu einem anderen Zeitpunkt feiern als wir. Mit dem Wort »Rosch« wünschen sie sich den Segen Gottes.

Durch die Übernahme des hebräischen Wortes, wenn auch zu »Rutsch« verändert, wünschen auch wir einander unbewusst den Segen Gottes. Segnen heißt auf Latein »benedicere«, gutheißen. Gott möge das neue Jahr gutheißen, dafür sorgen, dass es für uns gut wird.

»An Gottes Segen ist alles gelegen«, sagt der Volksmund. Wir wünschen uns »Schalom«, d.h. Frieden, Glück und Lebensfülle. Dies möge uns der schenken, der Leben und Glück in Fülle hat und sich an Großzügigkeit nicht übertreffen lässt. Vielleicht denken wir beim nächsten Mal daran, wenn wir uns den bekannten guten Rutsch wünschen.

Eduard Mörike schrieb zum neuen Jahr:

In ihm sei's begonnen,
der Monde und Sonnen
an blauen Gezelten
des Himmels bewegt.
Du, Vater, du rate,
lenke du und wende!
Herr, dir in die Hände
sei Anfang und Ende,
sei alles gelegt.

Ins neue Jahr mit einem Leitfaden

Eine griechische Sage erzählt, dass König Minos von Kreta ein Labyrinth bauen ließ. Es war ein Bau aus einer verwirrenden Vielzahl von Gängen und Räumen.

In dieses Labyrinth schickte Minos einen Minotaurus, ein mythisches Wesen mit Menschenleib und Stierkopf. Die Athener mussten diesem Unwesen jährlich sieben Knaben und sieben Mädchen opfern. Die Kinder verloren in diesem Labyrinth mit so vielen dunklen Gängen die Orientierung, sodass keines von ihnen einem schrecklichen Ende entging. Sie wurden entweder von dem Minotaurus umgebracht oder starben vor Hunger und Erschöpfung auf der Suche nach dem Ausgang.

Einmal aber gab es ein glückliches Ende. Ariadne hatte ihrem Freund, der ins Labyrinth geschickt wurde, einen Faden mitgegeben. Diesen hatte der Junge in der Nähe des Ausgangs befestigt und, als er tiefer in das Labyrinth getrieben wurde, abspulen lassen. Später konnte er den Faden wieder aufwickeln und zum Ausgang zurückfinden. Der Faden war seine Rettung. Er diente ihm als Orientierung.

Wenn wir in ein neues Jahr gehen, kommt uns die vor uns liegende Zeit zuweilen wie ein Labyrinth vor, in das wir hineingehen. Die Räume sind dunkel, und vielleicht fürchten wir uns. Niemand weiß, was uns im neuen Jahr erwartet.

Die schrecklichen Katastrophen in der Welt, Terrorakte mit Toten und Verletzten zeigen uns, wie unsicher das Leben ist. Niemand kann uns die Garantie für ein sorgenfreies Leben geben. Naturkatastrophen oder Terror sind auch bei uns möglich. Krankheit kann uns ereilen oder auch der Tod.

Da sind wir gut beraten, wenn wir wie der junge Freund in der griechischen Sage einen Faden mit ins Labyrinth der Zeit nehmen, einen Leitfaden, der uns Orientierung und Rettung schenkt. Christlicher Glaube und Gottvertrauen sind ein solcher Leitfaden für ein Leben ohne Angst.

Dietrich Bonhöffer hat dieses Vertrauen trotz Verfolgung und Not bekanntlich so ausgedrückt: »Von guten Mächten wunderbar geborgen, erwarten wir getrost, was kommen mag. Gott ist mit uns am Abend und am Morgen und ganz gewiss an jedem neuen Tag.«

Wir dürfen mit der Zuversicht leben, dass Gott bei uns ist in guten wie in schlechten Zeiten.

So können wir beherzt das neue Jahr angehen und voller Lebensmut die Dinge in Angriff nehmen, die uns aufgetragen sind.

Glück im neuen Jahr

Zu Neujahr wünschen wir Menschen uns Glück. Dabei denken wir an so manches: an Frieden, Gesundheit, Freude, Erfolg. Die Liste unserer Wünsche für das neue Jahr kann ziemlich lang sein. Da wünscht sich jemand einen Arbeitsplatz, ein anderer möchte endlich Glück in der Liebe haben und einen passenden Partner oder eine gute Partnerin finden. In manchen Kirchen liegt ein Buch aus, in das Leute Bitten an Gott eintragen können. Da wünschen sich Kinder, dass die Eltern sich vertragen. Eltern wünschen sich, dass ihre Kinder gut gedeihen und Erfolg in der Schule haben. Was auch immer wir uns für das neue Jahr wünschen, wir haben oft den Eindruck, dass wir selber nur wenig dazu beitragen können. Entweder fällt einem das Glück in den Schoß, oder man hat keins. Man kann ja auch schließlich einen Lottogewinn nicht beeinflussen.

Sind wir wirklich zur Passivität verurteilt? Können wir das Glück nicht beeinflussen?

Ein Sprichwort sagt: »Jeder ist seines Glückes Schmied.« Da ist etwas dran. Wir »machen« nämlich unsere Erfahrungen. Dabei sind wir abhängig von unseren Grundeinstellungen. Diese haben wir bereits in unserer Kindheit erworben. Wer sich ein düsteres Bild vom Leben gemacht hat, wird immer wieder Dunkelheiten erfahren. Wenn Eltern ihrem Kind sagen: »Du bist sportlich eine Niete«, wird dieses Kind im Leben kaum sportliche Erfolge haben. Ganz anders ist es, wenn das Kind ermutigt wird: »Das kannst du, probier es ruhig! Es wird dir gelingen!«, dann wird das Kind Erfolg haben. Die Psychologen sprechen von »tendenziöser« oder »selektiver Wahrnehmung«. Wir sehen immer nur das, was wir erwarten und »machen« dementsprechend unsere Erfahrungen. Ich erinnere mich an einen Mann, der immer wieder sagte: »Ich bin einfach ein Pechvogel.« Entsprechend negativ waren seine Erfahrungen im Leben. Und da er immer wieder Pech hatte, verstärkte sich das Ganze noch. Er konnte einfach nicht glauben, dass er Glück haben könnte. Ich habe ihm beigebracht, sich öfters zu sagen: »Ich bin ein Glückspilz.« Es war erstaunlich, wie sich allmählich sein Leben zum Positiven hin veränderte.

Ich las einmal den Satz: »Jeder Gedanke des Menschen hat die Tendenz, Wirklichkeit zu werden.« Denke ich positiv, habe ich die Chance, Gutes zu erfahren. Denke ich negativ, wird die Realität entsprechend ausfallen. Tatsächlich können wir unser Glück beeinflussen.

Bereits Jesus hat auf die positive Kraft des Glaubens hingewiesen. »Dein Glaube hat dir geholfen«, sagt er zu einer Frau nach ihrer Heilung (Mk 5,34). In der Bibel ist die Rede vom Glauben, der Berge versetzen kann. Jeder Arzt weiß, dass die Heilungschancen eines Patienten größer sind, wenn der Kranke an die Heilung glaubt.

Eine Geschichte erzählt von einem Land, das von Dürre heimgesucht war. Es wollte einfach nicht regnen. Entsprechend groß war die Hungersnot für Mensch und Tier. Man versuchte es schließlich mit Beten. Doch auch das half nicht. Schließlich unternahm der König des Landes mit seinem ganzen Hofstaat eine Wallfahrt. Auch sie blieb ohne Erfolg. Kein Tropfen Regen fiel vom Himmel. Aber plötzlich war das anders. Ein Mädchen war in das Heiligtum gegangen und betete um Regen. Als sie hinaustrat, regnete es in Strömen. Was hatte sie anders gemacht als die anderen? Sie hatte zum Gebet bereits den Schirm mitgenommen. Wir sind gut beraten, wenn wir mit Glück rechnen. Wir werden nicht immer Erfolg haben, aber immer häufiger.

Wenn dann noch eine Portion Gottvertrauen dazukommt, kann das Glück nicht ausbleiben.

Neujahr

Es ist gute Tradition, sich zu Beginn eines neuen Jahres etwas Gutes zu wünschen. Was wünschen wir uns? Dass wir im neuen Jahr Fortschritte machen in der Nächstenliebe. Wir Menschen sind soziale Wesen und können nur glücklich sein, wenn wir gute Gemeinschaft erleben. Da gilt es, besonders denen unsere Zuwendung zu schenken, die in der Gefahr stehen, ausgegrenzt zu werden. Sie kennen vielleicht die jüdische Geschichte, die von der Frage handelt, wann es endlich Tag wird. Da lautet die Antwort: Wenn ich in das Gesicht eines Menschen sehe und darin meinen Bruder, meine Schwester erkenne, dann ist die Nacht gewichen und der Tag angebrochen.

Damit das neue Jahr gut wird, kann man allen nur wünschen, dass sie in jedem Menschen, dem sie im Laufe des Jahres begegnen, ihren Bruder, ihre Schwester sehen.

Christian Morgenstern drückt es so aus: »Allen Menschen Bruder sein, allen helfen, dienen, ist seit Er erschienen, Ziel allein.«

Es ist wichtig, dass wir noch stärker als bisher unsere Möglichkeiten entdecken. In uns Menschen liegen häufig Schätze verborgen, die wir noch ausgraben können. Unser Leben empfinden wir nur dann als gelungen, wenn es durch den Dienst am Mitmenschen fruchtbar wird. Dabei müssen wir Ideen entwickeln und sie mutig verwirklichen. Mut tut wirklich gut. Darum sollten wir allen für ihre Lebensaufgaben viel Mut und Zuversicht wünschen.

Eine orientalische Geschichte berichtet von einem König, der eine bedeutende Stelle am Hof zu vergeben hatte. Um den fähigsten Mann zu finden, führte er die Bewerber zu einem riesengroßen Türschloss. Er schilderte ihnen, dass es unheimlich schwierig sei, dieses Schloss zu öffnen. Wer es jedoch schaffe, der bekäme den Posten. Alle schauten sich das Schloss an, gaben aber sofort auf. Nur einer fasste das Schloss an, versuchte es zu bewegen und zog mit einem Ruck daran, sodass sich das Schloss öffnete. Es war nur angelehnt gewesen. Dies hatte der Mann festgestellt durch sein Probieren und sein herzhaftes Handeln. Der König gab ihm den Posten, weil er sich nicht auf das Sehen allein verließ, sondern seine Kräfte einsetzte und eine Probe wagte.

Entdecken wir unsere Gaben im neuen Jahr und machen wir mit viel Mut etwas Gutes daraus! Lassen wir uns von nichts und niemandem entmutigen! Der heilige Pfarrer von Ars pflegte zögernden Menschen zu sagen: »Mein Freund, machen Sie einen Anfang!«

Wir können einen neuen Anfang machen im Beruf, im gesellschaftlichen Zusammenleben, in den verschiedensten Lebensgemeinschaften. Durch unsere Liebe können wir dazu beitragen, dass das Leben aller mehr Qualität erhält. Niemand von uns wird dabei zu kurz kommen, denn Freude ist immer Freude am anderen.

Valentin und die Verliebten

Am 14.2. ist Valentinstag. Wer denkt da nicht an die Verliebten, die sich an diesem Tag Blumen schenken? Die Zeitungen sind schon seit Tagen voll mit entsprechender Werbung. Natürlich macht sich die Geschäftswelt den Valentinstag zunutze.

Was aber hat der Heilige dieses Tages mit den Verliebten zu tun? Der heilige Valentin war Bischof von Terni. Er erlitt am 14.2.269 den Märtyrertod. Die Geschichtsschreibung weiß über sein Leben weiter nichts. An die Liebenden kam er sehr wahrscheinlich erst nach seinem Tod. Der 14.2. war nämlich im antiken Rom Gedenktag an die Göttin Juno als Schützerin von Ehe und Familie. An ihrem Gedenktag wurden bereits den Frauen Blumen geschenkt. Da hat nun die Kirche den Heiligen des Tages, nämlich Valentin, gegen die Göttin Juno ausgetauscht. Viele christliche Feste haben einen heidnischen Hintergrund und sind christlich umgedeutet worden. Im Falle von Valentin entwickelten sich Legenden, die erzählten, Bischof Valentin habe trotz kaiserlichen Verbots Verliebte getraut und frisch verheirateten Paaren Blumen aus seinem Garten geschenkt. Der heilige Valentin wurde förmlich zum Glücksbringer für die Verliebten. Vielleicht hat der heilige Valentin sich im Himmel über diese Geschichten gewundert, was ihn nicht daran hindern muss, für Verliebte, Verlobte und Verheiratete bei Gott ein gutes Wort einzulegen. Das Schenken von Blumen am Valentinstag ist sicher ein schöner Brauch. Vielleicht sollte man aber auch einmal daran denken, wie wichtig dem heiligen Valentin der christliche Glaube war, für den er Zeugnis abgelegt hat durch seinen Tod. Paare, die sich kirchlich trauen lassen, wünschen sich vor allem den Segen Gottes, der sie auf ihrem gemeinsamen Lebensweg begleiten soll. Selbst Paare mit Distanz zur Kirche legen Wert darauf.

Mit dem heiligen Valentin verbinden wir den Gedanken an die Liebe. Sie ist nicht nur für Paare von Bedeutung, sondern für unser gesamtes menschliches Zusammenleben. Es wäre ja schön, wenn am Valentinstag überall etwas zu spüren wäre von diesem Geist der Liebe. Viele Menschen würden aufatmen, vor allem diejenigen, die oft das Gefühl haben, nur wenig oder gar nicht geliebt zu werden. Vielleicht bekommt auch einmal eine alte Frau, eine Kranke oder eine Behinderte zu St. Valentin eine Blume.

Karneval lässt grüßen

Kaum ist die Weihnachtszeit vorbei, da lässt Karneval schon grüßen. In den katholischen Kirchen werden dann Karnevalsfeiern angekündigt. Da taucht natürlich die Frage auf, was Karneval mit Kirche zu tun hat. Ich kann mich noch daran erinnern, dass die Kirche von Karneval keine gute Meinung hatte. In den Kirchen wurden Betstunden als Sühneandachten für die im Karneval begangenen Sünden abgehalten. Das war sicherlich nicht völlig falsch. Christen erlauben sich gelegentlich im Karneval unter dem Deckmantel der Narrenfreiheit Dinge, die auch in dieser Zeit nicht erlaubt sind.

Dennoch hat Karneval mit Kirche zu tun. Ohne den Aschermittwoch und die darauf folgende Fastenzeit gäbe es keinen Karneval. Das Wort Karneval kann dies erklären. Es könnte nämlich von »carne levare«, Wegnahme des Fleisches, kommen. Möglich ist auch die Version »carne vale«, Fleisch lebe wohl! Auch wer auf die Herkunft des Wortes Karneval von »carrus navalis«, Schiffswagen als Narrenschiff, besteht, weiß um das Kirchenschiff, in dem sich sonntags die Gläubigen versammeln.

Die heilige Theresia von Avila soll gesagt haben: »Wenn Fasten, dann Fasten, wenn Rebhuhn, dann Rebhuhn!« Das bedeutet doch, dass es beides geben darf: Arbeit und Gebet, Ekstase und Meditation, Ausgelassenheit und Sammlung. »Freut euch mit den Fröhlichen und weint mit den Weinenden«, schreibt der Apostel Paulus im Römerbrief (12,15). Ich bin für den Karneval auch in der Kirche.

Viele kirchliche Vereine denken sich in dieser Zeit für ihre Feiern Lustiges aus. Dabei nehmen sie manches aus der Gemeinde auf die Schippe. Das befreit und reizt zum Lachen. Ich habe schon oft an Karneval in den Gottesdiensten eine Büttenpredigt gehalten und den Zuhörern das Anliegen des Evangeliums auf fröhliche Weise »unter die Weste gejubelt«. Ich finde es gut, wenn Kinder an diesem Tag bunt gekleidet in die Kirche kommen.

Je ernster wir die Fastenzeit als österliche Bußzeit nehmen, desto fröhlicher dürfen die Tage davor sein. Auch in der Kirche gilt der Satz: »Humor ist, wenn man trotzdem lacht.«

Schließlich gibt es auch viele schöne kirchliche Witze. Ich denke zum Beispiel daran, wie ein Pfarrer beim Treffen mit seinen Amtsbrüdern erzählt, dass ein Kind im Religionsunterricht die Frage nach den Evangelisten mit Petrus und Paulus beantwortete und ein Kollege gesagt habe: »Sei doch froh, dass das Kind wenigstens zwei gewusst hat!«

Schließlich gibt es auch den Witz mit den Fledermäusen in der Kirche. Alle Versuche, sie loszuwerden, halfen nichts. Doch ein Pfarrer hatte Erfolg und berichtet: »Ich habe sie einfach getauft und gefirmt, seitdem sind sie nie mehr zurückgekommen.«

Ich bin für einen schönen Karneval, für das Lachen auch in der Kirche. Ich bin aber auch für einen guten Aschermittwoch und eine fruchtbare Fastenzeit.

Salz der Erde, Licht der Welt

Büttenpredigt
Mt 5,13-16

Liebe Schwestern, liebe Brüder,
Karneval ist heute wieder.
Wie gewohnt werd ich heut dichten
und das Evangelium ausrichten.

Ob der Herr das auch getan,
steht zur Diskussion nicht an.
Doch die Freude lobt er sehr.
Diese bringt er mehr und mehr.

Er spricht heut vom Salz der Erde,
dass es ständig sich vermehre
durch die Tat der frommen Christen,
die er führt in seinen Listen.

Salz ist für die Speisen gut,
wenn man damit würzen tut.
Christen sollen Würze sein
für die Welt, das wäre fein.

Wenn sie Liebe praktizieren
und sich dabei nicht genieren,
teilen sie die Freude aus.
So kommt sie in jedes Haus.

Auch im schönen Karneval
gibt es Christen überall.
Diese sollen dafür sorgen,
dass man nichts bereut am Morgen.

Echte Freude ist viel mehr
als die Zoten geben her.
Sie basiert auf Jesus Christ,
der der Freude Urgrund ist.

Feiert darum Karneval
hier bei uns und überall.
Dabei haltet Grenzen ein.
Lasst die Übertreibung sein!

Mischt dem Leben Frohsinn bei,
dass es so bekömmlich sei
und vergesst die Kranken nicht.
Seid auch ihnen Salz und Licht!

Licht sollt ihr vor allem sein.
Seid es klar und seid es rein!
Niemand soll im Dunkeln stehn
und vor Kummer dann vergehn.

Jesus nennt sich Licht der Welt.
Dazu seid auch ihr bestellt.
Lasst drum eure Lampen brennen!
Daran soll man euch erkennen.

Tragt das Licht des Glaubens weiter
und bleibt dabei froh und heiter!
Jesus wird's euch sicher lohnen.
Dieses möchte ich betonen.

Tut das Gute, dass man sieht,
was durch Christen heut geschieht.
Das ist Werbung. Sie tut gut
und macht vielen Menschen Mut.

Trost und Freude braucht die Welt,
die nicht immer gut bestellt.
Katastrophen und Gefahren
nie so groß wie heute waren.

Drum, ihr Christen, setzt euch ein!
Ihr müsst Licht der Erde sein.
Caritas ist eure Pflicht.
Ja, vergesst die Armen nicht!

Karneval ist Zeit zum Lachen,
Zeit, in der wir Scherze machen.
Frohsinn und auch Heiterkeit
macht das Herz zum Geben weit.

Dann kommt Fasten, das ist klar.
Macht euch dabei auch nicht rar!
Alles tun zur rechten Zeit,
dazu ist ein Christ bereit.

Heute rufe ich Helau,
Halleluja ganz genau.
Seid der Erde Salz und Licht,
dann vergeht die Freude nicht!

Der Tag des Herrn

Eine Büttenpredigt

Sonntag ist der Tag des Herrn.
Bleib da nicht der Kirche fern!
Steh vor Freude morgens auf!
So nimmt Kirchgang seinen Lauf.
In den Betten bleiben liegen
Christen, die nicht sehr gediegen.
Geh du froh zur Kirche hin!
Hab nichts anderes im Sinn!
Segne dich am Eingang schön!
Das erfreut Gott in den Höhn.
Dann geh möglichst ganz nach vorn,
sonst trifft dich des Pfarrers Zorn.
Nimm auch ein Gesangbuch mit.
So bist du beim Singen fit.
Bleib nicht stumm so wie ein Fisch!

Bete mit an Gottes Tisch.
Leib und Seele sind sehr wichtig,
ganzheitlich, so ist es richtig.
Wird gebetet, knie dich nieder.
Singt man, strecke aus die Glieder.
Bei der Predigt schlaf nicht ein.
Lass, wenn's geht, das Schnarchen sein!
Ist die Predigt endlich aus,
lasse keinen Seufzer raus!
Rede nicht mit andern Leuten,
die sich auf die Stille freuten!
Werden Gaben dann gebracht,
gib auf deine Seele acht,
dass sie auch dem Herrn was bringt,
sich ein Opfer gar abringt.
Wird das Körbchen dann gereicht,
wo sich ganz konkret stets zeigt,
ob man etwas übrig hat,
zeige dich als Christ der Tat!
Wird die Wandlung zelebriert,
einen Christen Stille ziert.
Jesus kommt in Form von Brot,
überwunden ist der Tod.
Kommt das Vaterunser dann,
bete mit ein jedermann.
Schließlich folgt der Friedensgruß.
Früher gab man sich den Kuss.
Heute ist man ja schon froh,
wenn das wenigsten geht so.
Und dann kommt die Kommunion,

du empfängst jetzt Gottes Sohn.
Mit der Hand und mit dem Mund
tut man seinen Glauben kund.
Du bist nicht leer ausgegangen,
hat dein Herz den Herrn empfangen.
Nachher kommt dann noch der Segen.
Nimm ihn mit auf allen Wegen!
Dann geh wieder froh nach Haus,
denn die Messe ist jetzt aus.
Singe noch ein Halleluja,
heut Helau, Schwestern und Brüder.

Pablikundum in der Karnevalszeit

In der Sakristei gab es neulich ein ziemliches Durcheinander. Der Küster hatte versehentlich die Bekanntmachungen der Woche, das Pablikundum, sprich: Publikandum, zerrissen und in den Papierkorb geworfen.

Ein Messdiener, der das mitbekam, wollte verhindern, dass der Pastor vor Wut platzt. Er suchte die Papierfetzen aus dem Papierkorb und stellte alles nach bestem Wissen wieder zusammen. So entstand dann folgende Bekanntmachung, die der Lektor am Sonntag vorlas:

Sonntag tritt unter Leitung des Kirchenmusikers der Flötenkreis auf. Er wird der Gemeinde was pfeifen. Die

Pastoralreferentin hält deshalb den Wortgottesdienst im Krankenhaus. Kinder kriegt sie nicht mehr. Sollte sie dennoch aus Versehen, bittet sie die Gemeinde um Entschuldigung. Sie hat sich schon zurechtgelegt.

Montag ist für Verwachsene Spülenachmittag in der Beichterei. Um 15 Uhr wird der Kaplan seine erste Sünde bekannt geben. Interessierte sind willkommen.

Die Bücherei wird in der Zeit der Renovierung vom Kirchenvorstand beschossen. Der Rendant nimmt das Geld für die Kosten aus den gestohlenen Handtaschen vom vergangenen Sonntag.

Hosenmontag ist das Pfarrbüro defekt. Die Sekretärin macht sich frei.

Das Pfarrgemeindeblatt trifft sich Montagabend im Hause Meyer. Dort werden auch die Eier für die österliche Bußzeit gefärbt. Wer mitmacht, bekommt die Quittung.

Der Pastor geht Dienstag zum Dentisten, weil er einen steilen Zahn hat. Dann ist auch Literarische Morgenstunde für Decken und alte Säcke, die für den Meditationsraum abgegeben wurden. Die Gebetsschemel werden von den Verstorbenen angefertigt.

Aschermittwoch sollen keine Fleisch fressenden Pflanzen gegessen werden. Wer kein Aschekreuz bekommt, soll dieses im Pfarrhaus zur Anzeige bringen. Die Lichtmessherzen sind weiterhin in der Sakristei erhältlich. Wenn die Lektorin wieder gesund ist, steht sie an den ungeraden Tagen zum Entzücken bereit. Fünf Euro müssen dafür bezahlt werden.

Die Frauengemeinschaft hat Dienstag Jahreshautversammlung. Jede soll möglichst viel davon zeigen. Der Pfarrer hält sich wegen seines Alters zurück. Die Frühschichten in der Fastenzeit fahren mit dem Paternoster nach oben. Das Frühstück wird im Himmel eingenommen.

Die Alten- und Riestergemeinschaft ist zur Kindermesse eingeladen.

Bei der Helferinnenrunde der Frauengemeinschaft im Pfarrheim spricht die Vorsitzende das Stoßgebet. Die Pastoralreferentin bietet »Exorzismus im Alltag« an. Besonders Frauen sind willkommen. Der Familienbildungstag beginnt am Samstag um 15 Uhr. Er endet, wenn alle Kinder eingeschlafen sind. Der Kaplan hat seinen schwarzen Hut verloren. Sonntag wird für einen neuen gesammelt. Es können wieder Klosterkerzen bestellt werden.

Für die Pfarrei werden Perlen gesucht. Frauen, die sich für geeignet halten, melden sich im Pfarrbüro. Die schönsten werden für den Pfarrer reserviert.

Der Kirchenchor trifft sich Dienstagabend zum Eierabend. Der Organist singt dabei die Anipoden. Die Kinder können sonntags auch ihre Kniebeugen mitbringen, es genügt auch ein Dinner. In der Kirche sind Schirme stehen geblieben. Sie können bei den Städtischen Gaswerken abgeholt werden.

KAB und Frauengemeinschaft treffen sich wieder zur Montagsbegegnung. Beginn bei Anbruch der Dunkelheit. Diskretion wird zugesichert. Die Wallfahrt zum Kamener Kreuz fällt deshalb aus. Freitag ist wieder Rosenkrautessen der Frauen.

Der Polterabend für den Kaplan fällt in der Fastenzeit aus.

Alle weiteren Informationen entnehme man den Schlaukästen an der Kirche. Hier finden Sie auch Hinweise auf Züchtigungen in der Fastenzeit.

Das Team der Seelenverderber wünscht der Gemeinheit noch einen schönen Karneval und ruft allen freudig zu: Helau!

Die spaßige Litanei

(gesungen nach der Melodie:
Die Wissenschaft hat festgestellt,
Mundorgel Nr 217)

Wenn wir keinen Spaß verstehn,
Spaß verstehn, Spaß verstehn,
niemals uns im Tanze drehn,Tanze drehn,
Herr, befreie! Herr, befreie!
Herr, befreie, befreie uns alle davon!

Wenn wir nicht mehr lachen können,
lachen können, lachen können,
andern keine Freude gönnen, Freude gönnen,
Herr, befreie! Herr, befreie!
Herr, befreie, befreie uns alle davon!

Wenn wir keine Witze mögen,
Witze mögen, Witze mögen
und nicht in die Luft mal flögen, Luft mal flögen,
Herr, befreie! Herr, befreie!
Herr, befreie, befreie uns alle davon!

Wenn wir ziehn die Stirne kraus,
Stirne kraus, Stirne kraus,
Heiterkeit flieht unser Haus, unser Haus,
Herr, befreie! Herr, befreie!
Herr, befreie, befreie uns alle davon!

Wenn wir jammern Tag und Nacht,
Tag und Nacht, Tag und Nacht,
dass es keinen Spaß mehr macht, Spaß mehr macht,
Herr, befreie! Herr, befreie!
Herr, befreie, befreie uns alle davon!

Wenn wir nicht auf Gott vertraun,
Gott vertraun, Gott vertraun
und nicht froh nach oben schaun, oben schaun,
Herr, befreie! Herr, befreie!
Herr befreie, befreie uns alle davon!

Um Gottes willen fasten

In der heutigen Zeit ist Fasten durchaus modern. Mediziner empfehlen das Heilfasten. Sportler fasten, um ihre sportlichen Ziele besser zu erreichen. Andere fasten, um gut auszusehen. Schlank ist in. Eine Autofirma warb für ihr neues Modell mit dem Bild des asketischen Mahatma Gandhi und dem Spruch: »Er brauchte nur wenig und war dennoch stark – ein schönes Vorbild.« Eine Werbung für das Fasten wählte die Überschrift: »Schlemm dich schlank!«

Wenn Kirche von Fasten spricht und dieses empfiehlt, geht es ihr um mehr als ein körperliches Fasten. Für sie ist Fasten nur dann heilsam im vollen Sinne, wenn es den ganzen Menschen betrifft, den Menschen mit Leib und Seele. Wer auch für die geistliche Seite des Fastens offen ist, der erwartet nicht nur eine Entschlackung des Körpers durch Fasten, sondern auch eine Reinigung des Geistes, der »Seele«, wie wir auch sagen. Dabei sollten wir wissen, dass der Mensch nicht einen Leib und eine Seele hat, sondern eine Einheit von Leib und Seele ist. Fasten hat wohltuende Auswirkungen auf das körperliche Befinden und hat gleichzeitig Folgen für den geistlichen Bereich des Menschen. Nicht nur der Körper wird von Belastungen befreit, sondern auch die Seele. Fasten stärkt den Willen zum Guten und schenkt Freiheit. Der Fastende macht die Erfahrung, dass er seine Lebensenergie für Bereiche verwenden kann, die er bisher vernachlässigt hat. Andere Menschen kommen stärker in den Blick, häufig auch andere Lebensaufgaben. Schon mancher hat durch Fasten einen neuen, tieferen Sinn für sein Leben gefunden.

Vor allem aber macht Fasten frei für Gott. Diese Erfahrung findet sich in allen großen Weltreligionen wieder. Jesus selbst hat vor seinem großen Weg, den er für uns Menschen gegangen ist, 40 Tage in der Wüste gefastet. Dies ermöglichte ihm eine intensive Begegnung mit seinem himmlischen Vater. Auch er wollte leer werden für Gott, um dann ganz von ihm erfüllt seinen schweren Weg für uns gehen zu können.

Das Leerwerden durch Fasten birgt die Chance neuer Erfahrungen mit mir selbst und mit Gott. Wenn zum Fasten das Gebet kommt, das Sprechen mit Gott, die Meditation und natürlich die Verkündigung, das Hören auf Gottes Wort, dann hat Fasten einen tieferen Sinn, dann ist es ganzheitlich.

Fasten, wie die Kirche es empfiehlt, ist ein Fasten um Gottes willen. Wir leben in einer Zeit großer Gottvergessenheit. Das hängt zusammen mit Lebensstandard und Materialismus.

Wenn wir wohl versorgt und übersatt sind, besteht die Gefahr, dass sich eine schwere Deckschicht über unsere Seele legt, die das Verlangen nach Gott erstickt und uns daran hindert, das zu leben, wozu wir eigentlich geboren sind.

Wir sollten Fasten um Gottes und des Menschen willen. Fasten bringt Glaubensvertiefung und Stärkung der Nächstenliebe. Fasten ist intensives Beten. Es hält wach für das Kommen des Herrn. Es macht demütig und stimmt friedlich. Darum ist Fasten auch förderlich für den

Frieden in der Welt. Christliches Fasten ist mehr als Askese und Selbstbeherrschung. Es ist ein Weg zu Freiheit und Glück.

Meditation im Schatten des Kreuzes

Der Trappistenmönch Thomas Merton erzählt folgende Geschichte:

»Es war einmal ein Mann, den verstimmte der Anblick seines eigenen Schattens so sehr, der war so unglücklich über seine eigenen Schritte, dass er beschloss, sie hinter sich zu lassen. Er sagte zu sich: Ich laufe einfach davon.

So stand er auf und lief davon. Aber jedes Mal, wenn er seinen Fuß aufsetzte, hatte er wieder einen Schritt getan, und sein Schatten folgte ihm mühelos.

Er sagte sich: Ich muss schneller laufen. Also lief er schneller, lief so lange, bis er tot zu Boden sank.

Wäre er einfach in den Schatten eines Baumes getreten, so wäre er seinen Schatten losgeworden, und hätte er sich hingesetzt, so hätte es keine Schritte mehr gegeben. Aber darauf kam er nicht.«

Thomas Merton spricht von uns, von dir und mir. Wir gefallen uns oft selber nicht. Wir laufen weg und merken bald, dass wir uns doch selber mitgenommen haben.

Unser Schatten, das ist unsere Unruhe, Angst, Unzulänglichkeit. Hinzu kommen unsere Zweifel an Sinn und Ziel unseres Lebens. Wir werden all das nicht los.

Wir sollten den Rat befolgen und in den Schatten eines Baumes treten, um nicht am Ende tot zu Boden zu sinken. Jesus sagt: »Euer Herz sei ohne Angst. Glaubt an Gott und glaubt an mich!« (Joh 14,1)

An Jesus Christus glauben heißt: sich unter sein Kreuz stellen. Für uns Christen ist das Kreuz Christi der Baum des Lebens, in dessen Schatten all unsere Schatten, unsere Ängste, Sorgen, Zweifel und Fehler verschwinden. Jesus sagt: »Kommt alle zu mir, die ihr euch plagt und schwere Lasten zu tragen habt. Ich werde euch Ruhe verschaffen.« (Mt 11,28).

Augustinus sagt: »Unruhig ist unser Herz, bis es ruhet in Gott.«

»Wäre er einfach in den Schatten eines Baumes getreten ... Aber darauf kam er nicht«, sagt Thomas Merton. In unserer Unruhe sollten wir uns sagen lassen: »Mensch, halt an! Tritt in den Schatten jenes Baumes, der dir Leben schenkt.«

In der heutigen Zeit werden Meditationen in vielfältiger Form angeboten. Doch wir Christen müssen nicht in der Ferne suchen. Verweilen wir einfach im Schatten des Kreuzes, hinter dem das Licht der Auferstehung erstrahlt.

Das versteckte Kreuz

Manchmal geben mir Leute ein Kreuz, ein Kruzifix, ab. »Wir haben dafür keine Verwertung mehr«, sagen sie. Oft hat dieses Kreuz schon Tradition in der Familie gehabt. Es wurde Generationen lang weitergegeben. Jetzt aber mögen die jungen Leute es nicht mehr. Die Diskussion um Kreuze in öffentlichen Gebäuden wie Gerichtssälen oder Schulen ist uns hinlänglich bekannt. Einmal erklärte ich einem Kind, das in meinem Hausflur das Kreuz entdeckte und nach der Bedeutung fragte, was das sei. Die Mutter intervenierte und sagte: »Entschuldigen Sie, aber wir erzählen unseren Kindern solche Grausamkeiten nicht.«

Tatsächlich wird das Kreuz gern verdrängt, nicht nur das geschnitzte, sondern auch das wirkliche.

Es gibt versteckte Kreuze, die man so schnell nicht entdeckt. Daran denke ich, wenn ich in unseren Kirchen in den beiden Wochen vor Karfreitag die mit einem violetten Tuch verhüllten Kreuze sehe. Dieses Symbol erinnert nicht nur an die verborgene Gottheit Jesu Christi, sondern auch an das verborgene Leid. Wenn es sich irgendwo zeigt, wird es versteckt, vielleicht sogar verdrängt. Manche Leute spielen lieber heile Welt. Wie es dann in ihrem Inneren aussieht, das geht niemanden etwas an. Trauer erlaubt man sich häufig nur »in aller Stille«. Trauerkleidung sieht man immer seltener, weil man ja schließlich funktionieren muss. Tränen stören nur. Leiden will man anderen nicht zumuten. So werden dann Behinderte versteckt und Kranke allein gelassen. Man denkt nicht daran, dass alles Verdrängte am Ende nur noch stärker bedrängt. Es wäre gut und heilsam, wenn wir empfindsamer würden gegenüber dem allzu oft verborgenen Leid. Wir würden Menschen aus ihrer Isolation herausholen und uns anschicken, ihr Leid zu lindern. An Karfreitag wird in unserer Liturgie das Kreuz wieder enthüllt. Dann singt der Priester: »Seht das Holz des Kreuzes, an dem das Heil der Welt gehangen!« Gläubige können sich den Anblick des Kreuzes leisten. Für sie ist es nicht nur Zeichen für den Tod, sondern für die Auferstehung. Karfreitag und Ostern gehören unlösbar zusammen. Jedes Leiden ist für Christen bereits erlöstes Leiden. So können sie offen das Kreuz ansehen, Wunden berühren, Verbände wechseln und den Widerstand gegenüber den Kreuzen überwinden. »Im Kreuz ist Heil«, sagen wir bei jeder Beerdigung. Der Karfreitag macht uns betroffen angesichts des Leids auch in unseren Tagen. Ostern aber will uns befreien aus der Starre, die Betroffenheit in uns auslöst. Nicht Leid und Tod hat das letzte Wort, sondern das Leben. Kurt Marti beschreibt die Auferstehung als »Aufstand Gottes gegen den Herrn der Herren, den Tod«.

Kreuze darf man nicht verstecken. Man sollte sie anschauen und darin das Zeichen der Erlösung entdecken. So kann man frohe Ostern feiern.

Palmsonntag

Wer kennt das nicht: Gemütsschwankungen in unserem Leben? Es gibt Zeiten, da könnten wir die ganze Welt umarmen, da sind wir obenauf, himmelhoch jauchzend.

Es gibt aber auch das Gegenteil: Zeiten, in denen wir niedergeschlagen sind, zu Tode betrübt.

Der Palmsonntag führt uns heute dieses Auf und Ab bildhaft vor Augen. Da sind die beiden Evangelientexte: der Einzug Jesu in Jerusalem und die Passion.

Kaum zu beschreiben ist der Jubel des Volkes, als Jesus nicht wie ein Kriegsherr auf hohem Ross, sondern bescheiden auf einem Esel als der lang erwartete Messiaskönig in seine Stadt Jerusalem einzieht. Die Menschen begrüßen ihn mit Palmzweigen in den Händen und rufen: »Hosanna! Gesegnet sei er, der kommt im Namen des Herrn.« Sie sind davon überzeugt, dass jetzt das Reich des Vaters David kommt. Eine Erwartung geht in Erfüllung, die nur Jubel erzeugen kann.

Doch dann kommt der Stimmungsumschwung. Jesus erweist sich in ihren Augen nicht als der mächtige König. Er verzichtet auf Gewalt. Schließlich nimmt er Gefangennahme und Leiden in Kauf. So enttäuscht er auf der ganzen Linie. Eigentlich hätten die Menschen das Zeichen des Esels als Lasttier verstehen können. Er ist nicht der Mann mit den Ellenbogen, setzt sich nicht um jeden Preis durch, sondern setzt sich ein für die Kleinen und Schwachen. Er macht keine Opfer, sondern wird zum Opfer. Da wird das Hosanna ausgetauscht in: »Kreuzige ihn!« Die Menschen haben den Glauben an Jesus als Messias verloren. Da können sie ihn nur als Betrüger und falschen Messias verwerfen. Ihre Hoffnung auf Befreiung von Unterdrückung und Not ist dahin. Die Römer werden weiterhin das Sagen im Land haben mit all den schlimmen Unterdrückungsmechanismen. Sie sind mit Jesus fertig. Ihr ursprünglicher Jubel ist umgeschlagen in Wut und Depression.

Wir können uns aber auch vorstellen, wie sehr Jesus selbst zu Tode betrübt ist, weil die Menschen ihn nicht als ihren Messias erkennen. Die Passion erwähnt diese depressive Stimmung Jesu im Garten Getsemani. Jetzt gibt es nur noch einen Weg zum Heil der Menschen. Er führt über das Kreuz und mündet in die Auferstehung.

Es ist gut, wenn wir die beiden gegensätzlichen Bilder des Palmsonntags in uns wirken lassen.

Wir dürfen uns freuen, wenn uns das Leben gelingt, wenn wir unsere Aufgaben erfüllen und uns gesagt wird: »Gut, dass es dich gibt!« Das ist ein Stück Hosanna, das wir brauchen.

Doch auch das zweite Bild ist nicht hoffnungslos. Zwar zeigt es tiefe Dunkelheit, Leiden und Tod. Doch es gibt einen Lichtblick. Im Glauben an die Auferstehung sehen wir das Ende des Tunnels. Jesu Leiden ist erlöstes Leiden. Der Palmsonntag am Beginn der Karwoche will uns mit seinen grünen Zweigen den Sieg Jesu über den Tod verkünden.

Ich vergesse nicht, wie Papst Johannes Paul II. auf seinem Sterbelager am Palmsonntag einen Palmzweig an sein Fenster hob, damit winkte und so ohne Worte den Menschen auf dem Petersplatz seine christliche Hoffnung verkündete.

Unser Leben kennt die beiden Pole: Hell und Dunkel, Freude und Trauer. Wir können »himmelhoch jauchzend, zu Tode betrübt« sein. Ich denke am Palmsonntag an all die Menschen, denen ein Leidensweg nicht erspart bleibt. Ich denke an die Kranken, die Behinderten, an die vielen Opfer von Gewalt, an Menschen, die trauern. Immer wieder müssen Menschen Kreuze auf sich nehmen. Doch seit der Passion Jesu ist unser Leben niemals mehr hoffnungslos. Die gesegneten Zweige, die wir am Palmsonntag mit nach Hause nehmen, können uns das ganze Jahr über Zeichen des Sieges über alle Kreuze dieser Welt sein.

Gleichzeitig kann uns der Palmsonntag zeigen, dass es sich lohnt, den Weg Jesu zu gehen.

Es ist der Weg des Dienens, nicht des Herrschens. Vielleicht werden auch wir gelegentlich zum Lasttier, wenn uns Schweres aufgebürdet wird. Wir spüren öfters, dass Liebe ohne Opfer nicht möglich ist. Wie bei Jesus hat die Liebe ihren Preis. Wir müssen aber nicht befürchten, dass wir am Ende zu kurz kommen. Gutheit ist nicht Dummheit, sondern höchste Klugheit.

Auferstanden von den Toten

Als der alte Michelangelo davon sprach, dass er bald von Gott heimgerufen werde, und ein Freund fragte, ob er lebensmüde sei, antwortete der große Künstler: »Nein, nicht lebensmüde, lebenshungrig.« – Als Karl Borromäus sich ein Bild vom Tod malen ließ und der Künstler ein Skelett zeichnete, sagte der Heilige: »Nein, nicht so! Male den Tod als einen Engel mit einem goldenen Schlüssel in der Hand!« Der Glaube an die Auferstehung ist für viele nicht leicht. Immer wieder hört man den Einwand: »Es ist noch keiner wiedergekommen.« Doch genau diesen Einwand gilt es, Ostern zu entkräften. Einer ist wiedergekommen. Sein Name ist Jesus Christus. Ich glaube daran. Gesehen habe ich ihn persönlich nicht. Ich traue aber dem Zeugnis derer, die ihn als Auferstandenen erfahren haben. Es sind die Jünger

Jesu, Männer wie Frauen. Die Bibel beschreibt sie als kritische Zeitgenossen. Die Skepsis des Apostels Thomas ist vor allem bekannt geworden. Aber gerade diese Vorsicht ist es, die mich überzeugt. Der christliche Glaube basiert nicht auf leichtfertigen Aussagen von Phantasten, sondern auf der gewachsenen und durch Krisen gereiften Erfahrung von glaubwürdigen Zeugen der Auferstehung Jesu. Dabei handelt es sich nicht um eine Wiederbelebung, sondern um eine Verwandlung zu einem neuen, unzerstörbaren Leben. Die Auferstehung Jesu hat die Auferstehung der Toten zur Folge. Das ergibt sich aus seiner brüderlichen Liebe, die uns am Ende nicht fallen lassen kann. So ist Ostern für mich ein Fest des Lebens in Fülle. Genau das lässt uns wahrhaft österlich jubeln.

Gedanken zum Osterfest

Ich habe immer gern Ostern gefeiert, manchmal noch lieber als Weihnachten. Der Winter ist vergangen, der Frühling hält seinen Einzug. Ostern ist ein Frühlingsfest. Es wäre aber zu wenig, wenn wir uns nur über das Aufblühen der Natur freuten. Christliche Osterfreude hat ihren Ursprung im Glauben an die Auferstehung. Ich bedaure immer, wenn Menschen nicht zu diesem Glauben finden können oder ihn verloren haben. Ich mache immer wieder die Erfahrung, dass dieser Glaube im Leben zahlreicher Menschen eine wirkliche Lebenshilfe ist.

Es gibt eine Parabel, die uns deutlich machen will, dass die Ablehnung des Osterglaubens eigentlich sehr kurzsichtig ist:

Ein Mensch hatte Mitleid mit den Raupen, die mühsam den Stängel einer Pflanze erklettern mussten, um ihr Fressen zu finden. Der Mensch dachte, wenn die nur wüssten, was für ein Leben sie erwartete, wenn sie sich eines Tages entpuppten. Sie würden ganz anders leben, froher, zuversichtlicher, mit mehr Hoffnung. Er versuchte, ihnen dieses neue Leben zu schildern. Er sagte ihnen, dass sie frei sein würden, leicht. Ja, sie könnten fliegen und Blüten finden. Außerdem würden sie sehr schön sein.

Leider aber wollten die Raupen von all dem nichts hören. Dass sie Schmetterlinge würden, hielten sie für ein Hirngespinst. Am Ende lachten sie den Menschen aus, der sich alle Mühe gab, den Raupen ihre herrliche Zukunft zu beschreiben.

Der Glaube an die Auferstehung bezieht sich auf ein Leben nach unserem Tod. Jesus Christus, der von den Toten auferstanden ist, hat uns im Himmel eine Wohnung bereitet (Joh 14,2). So wie die Raupen schlecht beraten waren, als sie sich der Botschaft von ihrem künftigen Leben als Schmetterlinge verschlossen, so machen auch wir einen Fehler, wenn wir von der Osterbotschaft, die uns Leben in Fülle verheißt, nichts wissen wollen.

Schließlich ist dieses Leben durch die Taufe bereits in uns. Menschen, die glauben, leben anders, weil sie mit einer Hoffnung unterwegs sind.

Ostern

Am Abend deines Lebens
ist dir vielleicht nicht klar,
ob letztlich nicht vergebens
die ganze Mühe war.
Du fragst: Wo bleibt mein Leben,
wenn ich gestorben bin?
Wird es mich dann noch geben?
Wo geht die Reise hin?

Dein Leben wird gewandelt
und nicht genommen dir.
Es wird total verwandelt
und ist nicht mehr wie hier.

Die Raupe fand ihr Ende.
Jetzt lebt der Schmetterling.
Wie herrlich diese Wende!
Ein Jubellied ich sing.

Auferstehung Jesu

Der Dichter Bert Brecht schrieb ein Gedicht zur Emmauserzählung. Er beschreibt den abendlichen Gang der Menschen, die um Jesus trauern. Einer sagt von Jesus: »Er starb für sich. Und starb ohne Sinn und Gewinn.« Ein anderer sagt: »Ich glaube nicht, dass er wiederkommt.« Dann gesellt sich ein Fremder zu den depressiv gestimmten Wanderern. Schließlich sagt einer: »Dass es Menschen gibt, die für Menschen sterben können! Und dass es Dinge gibt, für die man sterben kann!«

Das Gedicht lässt die Frage nach dem Sinn von Jesu Tod offen. Jemand hat einmal gesagt, das Problem unserer Jugend sei, dass sie nicht mehr weiß, wofür sie leben und gegebenenfalls sterben soll.

Die christliche Osterbotschaft sagt, dass Jesus nicht für sich gestorben ist, sondern für uns. Der Tod Jesu, der so sinnlos erschien, hat Sinn. Jesus ist am Kreuz gestorben, damit wir leben. Wir Christen glauben, dass der Fremde in der Emmausgeschichte der Auferstandene ist. Vielleicht verkünden wir den Glauben an die Auferstehung nicht immer lauthals, sondern zaghaft.

Armin Juhre schreibt: »Sing nicht so schnell dein Glaubenslied, sing nicht so laut, so grell. Der Glaube trägt ein schweres Kleid aus Gnadenglück und Sterbeleid. Vielleicht kommt er dir nahe, vielleicht bleibt er dir fern.«

Wenn der Glaube an die Auferstehung nicht fern bleibt, sondern uns berührt, können wir voll Freude Ostern feiern.

Der ungläubige Thomas

Wer einmal einen Spitznamen hat, wird ihn so schnell nicht wieder los, besonders wenn er passt wie der Deckel auf den Topf.

Der Apostel Thomas hatte einen solchen Beinamen. Er hieß »Didymus«. Das kann Zwilling bedeuten oder auch der Zwiespältige bzw. Zweifler. Wegen seines kritischen Verhaltens den Auferstehungsberichten der Apostel gegenüber wird er von vielen einfach der »ungläubige Thomas« genannt. Passt dieser Name eigentlich zu ihm? Er enthält nur die halbe Wahrheit. Es stimmt: Thomas war wie viele Menschen heute zurückhaltend und skeptisch in seinem Glaubensverhalten. Das ist auch gut so. Ich denke an eine Erzählung, in der berichtet wird, wie ein weiser Rabbi seinen ungläubigen Gesprächspartner nur mit der Bemerkung »Vielleicht ist es doch wahr« ans Nachdenken und schließlich zum Glauben brachte.

Es gibt einen Zweifel, der den Glauben nährt.

Nicht Leichtgläubigkeit wird von uns verlangt, sondern Tiefgläubigkeit. Und da gilt es, auch die andere Seite des Apostels Thomas zu sehen. Sein Wort »Mein Herr und mein Gott« angesichts des Auferstandenen ist das erste und tiefste Glaubensbekenntnis der Kirchengeschichte.

Das Verhalten des Thomas zeigt uns, dass Fragen und Zweifel, die den Glauben betreffen, nicht Hindernis, sondern Weg zum Glauben sein können, wenn die Offenheit für eine Begegnung mit Christus und der Gemeinde nicht ausgeschlossen wird. Thomas fand zu einem Glauben, den er als lebenswichtige Erfahrung an die Menschen weitergeben musste.

So soll er diesen Glauben an Christus, den Auferstandenen, sogar bis nach Indien gebracht haben. Die Thomaschristen in diesem Land gehen freudig davon aus.

Den Beinamen Zweifler, ja Ungläubiger, wird Thomas nicht mehr los. Aber er bezeichnet nur den Weg, nicht das Ziel. Das Ende seines zögerlichen Weges ist ein Glaube, den jeder von uns sich nur wünschen kann.

Das Osterfeuer

Ich erhielt einen Anruf von der Feuerwehr. Es war nicht das erste Mal: »Wir sind hier in einer Familie. Der Vater ist plötzlich und unerwartet gestorben. Die Angehörigen sind fassungslos und verzweifelt. Kommen Sie! Die Leute brauchen geistlichen Beistand!«

Als ich kam, spürte ich: Hier ist es finster geworden. Ich hörte zu. Der Vater war krank, ja. Aber die Ärzte hatten der Familie viel Hoffnung gemacht. Nun aber war alle Hoffnung dahin. Es war, als hätte einer die Kerze ausgeblasen, das Lebenslicht. Ich sitze da, hör zu, nehme Anteil an ihrer Trauer. Schließlich frage ich: »Darf ich den Vater segnen und vielleicht eine Kerze anzünden?« Es folgt Zustimmung ohne Worte, nur durch Nicken. Um den Toten im Bett versammelt, mit einer brennenden Kerze auf dem Nachttischchen, herrscht Stille. Dann sage ich mit ruhiger Stimme: »Jesus sagt: Ich bin die Auferstehung und das Leben. Wer an mich glaubt, wird leben, auch wenn er stirbt«(Joh 11,25). Der Schein der Kerze und das Wort der Bibel tut den Angehörigen gut. Es entwickelt sich ein leichter Trost. Die Dunkelheit ist nicht verschwunden, die Trauer ist groß, aber die Lage ist nicht mehr völlig hoffnungslos.

Das Licht der Kerze hat der Dunkelheit den Kampf angesagt.

Ebenso entzünden wir, wenn wir in der Nacht von Karsamstag auf Ostern die Auferstehungsliturgie feiern, das Osterfeuer. »Lumen Christi – Licht Christi!«, singt der Diakon, und alle antworten: »Deo gratias – Dank sein Gott!« Osterfeuer werden auch am Abend des Festes vielerorts angezündet.

Es gibt so viel Nacht in unserer Welt. Kriege, Katastrophen, Hungerepidemien und Krankheiten, Versteppung der Erde und Verwüstung der kosmischen und sozialen Verhältnisse. Das Bild von der Nacht der Menschheit lässt sich weiter zeichnen: Flüchtlingsströme, Verteilungsprobleme, explodierende Gewalt, der Handel mit Kindern und Organträgern namens Mensch.

»Kommen Sie!«, sagte die Feuerwehr, »die Leute brauchen geistlichen Beistand!« Ruft nicht auch unsere Welt nach geistlichem Beistand? Wir Christen jedenfalls hören diesen Ruf aus der vielfältigen Dunkelheit unserer Tage und fühlen uns berufen (gerufen), ein Licht, ein Feuer anzuzünden und von der Auferstehung zu sprechen. In der Dunkelkammer unserer Welt entwickeln wir ein Bild voller Licht und Leben. Wir lassen Gottes Licht aufleuchten da, wo Dunkelheit und Hoffnungslosigkeit herrscht.

Man darf uns allerdings nicht missverstehen. Wir belassen es nicht bei dem Osterfeuer. Wir wissen uns auch berufen, mitzuwirken an der Beseitigung aller Dunkelheit. Wir versuchen es nicht ohne Christus, dem »Licht der Welt« (Joh 8,12), sondern mit ihm. »Ohne mich könnt ihr nichts vollbringen« (Joh15,5), sagt Jesus. Wir engagieren uns sozial in vielfältiger Caritas. Das Osterfeuer ist ein Zeichen der Hoffnung. Es bringt Licht in die Dunkelheit der Welt.

Ostern, Fest des Glaubens

Ostern ist ein christliches Fest. Christen feiern den Glauben an die Auferstehung. Sie sind davon überzeugt, dass Jesus, gekreuzigt, gestorben und begraben, von den Toten auferstanden ist. Wir Seelsorger haben häufig Gelegenheit, mit Gemeindemitgliedern über diesen Glauben zu sprechen, etwa bei der Taufvorbereitung, da ohne Glaubensbekenntnis von Eltern und Paten keine Kindertaufe stattfinden kann. Auch bei der Vorbereitung einer kirchlichen Beerdigung wird neben der Bekundung der Anteilnahme und des Mitgefühls von Auferstehung gesprochen. Nicht immer sind unsere Gesprächsteilnehmer ganz von der Auferstehung Jesu überzeugt. Es wäre interessant, vor Ostern die Passanten in der Fußgängerzone unserer Städte zu fragen, ob sie an die Auferstehung Jesu glauben. Vielleicht würden sie antworten: »Ich weiß nicht.« Oder »Manchmal ja, manchmal nein.« Zweifel wären nicht ausgeschlossen. Wir sollten diese Einstellungen dem Osterglauben gegenüber ernst nehmen. Es ist nicht immer leicht, zu glauben. In der Feier der Osternacht heißt es: »Christus ist glorreich auferstanden vom Tod. Sein Licht vertreibe das Dunkel der Herzen.« Unser Glaube bedarf häufig noch der Erleuchtung. Dies wird auch zum Ausdruck gebracht, wenn in der Osterliturgie die zunächst dunkle Kirche allmählich durch das Anzünden der Kerzen erhellt wird. Im Evangelium sagt ein Mann zu Jesus, der ihn zum Glauben auffordert: »Ich glaube. Hilf meinem Unglauben!« (Mk 9,24). Selbst die Osterevangelien zeigen, wie zögerlich sich die Jünger damals auf die Nachricht von der Auferstehung hin verhielten. Sie hatten Zweifel, und es dauerte, bis sie zu der Überzeugung kamen, dass Jesus wirklich lebt.

Was den Jüngern damals recht war, ist uns heute billig. Wir dürfen zurückhaltend sein und nachdenklich angesichts der Botschaft von der Auferstehung. Wichtig ist nur, dass wir uns nicht verschließen, sondern offen bleiben. Es geht um Glauben, und der hat mit Vertrauen zu tun. Wer im Leben glaubt, verlässt sich auf Zeugen. So ist es auch mit dem Glauben an die Auferstehung. Wir

Christen verlassen uns auf das Zeugnis der Jünger, die den Auferstandenen gesehen haben. Auch sie hatten Zweifel. Es hätten ja auch Tagträume oder Phantasien sein können. Dass allerdings eine ganze Gruppe das Gleiche träumt, ohne Phantasie und Wirklichkeit zu unterscheiden, und das noch unabhängig voneinander, ist eher unwahrscheinlich. Schließlich waren die Jünger auch nicht krank. So führte die gegenseitige Bezeugung des Erlebten zu der festen Überzeugung, dass Jesus auferstanden ist. Wer heute glaubt, nimmt dieses Zeugnis an und gibt es weiter nach der Devise: »Wovon das Herz voll ist, davon fließt der Mund über.«

Wir sind eingeladen, uns in das Ostergeschehen hineinnehmen zu lassen. Wer die Gottesdienste mitfeiert, hat die Chance, sich vom Glauben der anderen stärken oder gar anstecken zu lassen. Mag sein, dass der Glaube zunächst noch klein ist wie ein Samenkorn, aber einmal gesät, wird es keimen und aufgehen und eines Tages Früchte bringen. Immer wieder machen Menschen die Erfahrung, dass der Glaube an die Auferstehung Jesu und der Toten, wenn er geteilt wird, zu einer wichtigen Lebenshilfe wird. Gläubige haben ein Ziel. Sie sind mit einer Hoffnung unterwegs. Das Leben endet nicht in der Dunkelheit, sondern im Licht. Das lässt zuversichtlich leben.

Fest des Jubels und der Freude

Im Mittelalter war das »Osterlachen« üblich. Nach der langen Fastenzeit erzählte der Pastor auf der Kanzel einen Witz, sodass die Gläubigen oft in ein schallendes Gelächter ausbrachen.

Über diese Methode, Osterfreude aufkommen zu lassen, kann man natürlich streiten. Gut daran ist aber, dass es das fröhliche Lachen zu Ostern gab. Bei uns ist heute viel zu wenig von der Osterfreude zu spüren. Ganz anders ist das in den Kirchen des Ostens, wo alt und jung einander fröhlich in die Arme fallen, wenn der Priester in der Osterliturgie feierlich in die Menge ruft: »Christ ist erstanden!« und alle antworten: »Er ist wahrhaft auferstanden!«

Da kommt Siegesstimmung auf, wie wir es sonst nur noch auf Sportplätzen erleben. Christen haben Ostern allen Grund, sich zu freuen, ja über den Tod zu lachen, der uns Menschen so viel Angst einflößen kann. Martin Luther drückte es so aus: »Ein Spott aus dem Tod ist worden.«

Es gibt Gründe dafür, weshalb bei uns Osterfreude oft so verhalten ausfällt. Es liegt nicht am Fehlen der Osterwitze. Uns fehlt häufig, wie der Religionswissenschaftler Ladislaus Boros sagt, der Sinn für den gewaltigen Urvorgang des Todes. Der Tod rührt uns häufig nicht mehr. Er wird abgeschoben und aus unserem Leben verdrängt. Dank der hohen Lebenserwartung durch den Fortschritt in der Medizin wird der Gedanke an ihn aufgeschoben. Die Friedhöfe liegen oft am Rande der Stadt. Trauerkleidung ist immer seltener. Wenn der Tod uns aber nicht rührt, ja in Vergessenheit gerät, dann kann man auch nicht über ihn lachen. Es kommt keine rechte Freude auf, wenn verkündet wird, dass Jesus ihm ein Schnippchen geschlagen hat und seiner Herr geworden ist. Ohne das Entsetzen über die tödlichen Voraussetzungen unseres Daseins, ohne die Erinnerung an unabgegoltenes Leid ist an Ostern wenig Befreiendes zu entdecken. Erlöst fühlen kann sich nur, wer um das Sterben weiß und bedenkt, dass der Tod täglich mit an unserem Tisch sitzt, und dann im Osterglauben den Blick über das Schreckliche hinaus wagt. Wenn ich an Ostern das Straucheln des Todes sehe und glaube, dass er nicht das letzte Wort hat, dann kann ich über dieses Schreckgespenst befreiend lachen.

Manche feiern an Ostern lediglich das Erwachen der Natur. Sie erfreuen sich an den ersten Anzeichen des Frühlings, haben Spaß am fröhlichen Eiersuchen der Kinder. Das ist in Ordnung. Doch was ist eine solche Freude gegen jene, die die Überwindung des Todes zum Gegenstand hat?!

Es wäre gut, wenn wir daran denken, dass zum Leben auch der Tod gehör. Wir sollten das Leben in seiner Schönheit, aber auch in seiner Bedrohung durch den Tod sehen und uns freuen, dass gerade er seit Jesu Auferstehung seine Macht verloren hat. So könnte auch bei uns das Osterlachen aufkommen, und dies nicht wegen eines gelungenen Witzes, sondern wegen der Tatsache, dass »ein Spott aus dem Tod ist worden«.

Der Apostel Thomas hat es richtig gemacht. Er legt die Finger in die Wunden des Herrn. Er rührt den Tod Jesu an und lässt sich von ihm anrühren. In diesem Augenblick erfährt er, dass er überwunden ist, dass Jesus wirklich lebt. Nicht die Oberflächlichen, die nach der Devise leben: »Meide den Kummer und meide den Schmerz« werden zur echten Osterfreude gelangen, sondern jene, die das Leben in seinen Höhen und Tiefen ernst nehmen und sich freuen, weil Jesus in seiner Auferstehung alle Tiefen unseres Daseins ausgefüllt hat und bereits alle Tode, die noch kommen, gestorben ist. Er lebt, und auch wir werden leben. – Wir haben wirklich Grund, österlich zu lachen.

Vom Osterlamm zum Osterhasen

Fragt man Leute nach einem Symboltier für Ostern, dann wird gewiss sofort der Osterhase genannt. Dieser ist aber nicht ursprünglich. Anfangs wurde die Auferstehung Jesu durch das »Lamm Gottes« mit der Osterfahne als Siegeszeichen symbolisiert. In manchen christlichen Familien kommt bis heute ein gebackenes Osterlamm am Festtag auf den Tisch. Allerdings wird das Osterlamm in der heutigen Zeit vielfach vom Osterhasen verdrängt. Dieser ist ein oft sehr verweltlichtes österliches Symboltier, das auf Umwegen in das Brauchtum gelangte. Er hat mit den Ostereiern zu tun, die zu Ostern eine Rolle spielen. Sie sind Symbole des Lebens bereits aus vorchristlicher Zeit. Ins christliche Brauchtum gelangten sie durch die kirchliche Fastenpraxis. Da die Christen in den Wochen vor Ostern nicht nur auf Fleisch verzichteten, sondern auch auf den Verzehr von Eiern, machten sie die Eier durch Kochen haltbar, um sie dann in der Osterzeit zu essen oder zu verschenken. Letzteres galt als gute Tat, besonders wenn dabei Bedürftige bedacht wurden. Um die gekochten Eier kenntlich zu machen, wurden sie gefärbt, zunächst blutrot als Farbe des Lebens, später auch mehrfarbig. Sie waren gleichzeitig Ausdruck des Glaubens, dass Jesus lebt.

Der Osterhase kam schließlich im 17. Jahrhundert durch die evangelischen Christen ins Spiel. Fasten und Verschenken von Ostereiern als gute Werke waren ihnen suspekt. Sie wollten den Geschenkcharakter der Erlösung betonen. Darum mussten die Ostereier nicht verschenkt, sondern gefunden werden als Ausdruck der Gnade Gottes statt der menschlichen Leistung. Es musste ein unsichtbarer Schenker her analog zum Christkind zur Weihnachtszeit. Und da tauchte neben anderen Tieren, die bald wieder verschwanden, der Osterhase auf. Er war es, der heimlich die Ostereier im Garten versteckte.

Man kann diesem Ostersymbol Sinn abgewinnen, wenn man sich dessen bewusst wird, dass der unsichtbare Gott gemeint ist, der uns Menschen das Leben in Fülle schenken will. Wir können es uns nicht erwerben, dürfen aber die Hände aufhalten, um uns reichlich beschenken zu lassen. Ostern ist das Fest des Lebens, da Jesus von den Toten auferstanden ist. Es ist das Fest der Liebe, die wir annehmen und weiterschenken dürfen. Osterlamm und Osterhase, beides hat seinen Sinn, man muss ihn nur kennen.

Muttertag

Alle Jahre wieder kommt der Muttertag. Die Kinder überlegen, wie sie der Mutter eine Freude bereiten können, und die Mütter genießen es, wenigstens einmal im Jahr im Mittelpunkt zu stehen, um dann wieder an den anderen 364 Tagen wie selbstverständlich all die täglichen Dinge zu tun, die an den Kräften zehren und oft wenig beachtet werden. Muttersein nimmt in der heutigen Zeit keinen besonderen Rang mehr ein. Früher gehörte es zu den idealtypischen Zukunftsvorstellungen von jungen Frauen und Männern, zu heiraten und eine Familie zu gründen, heute aber wird die Entscheidung für Heirat und Kind immer weiter hinausgezögert.

Die Gründe dafür sind vielfältig. Einer davon ist die häufige Unvereinbarkeit von Familie und Beruf, aber auch die Angst, der Verantwortung gegenüber einem Kind nicht gerecht werden zu können. Nicht selten spielen auch materielle Gründe eine Rolle, wenn junge Menschen befürchten, sich mit Kindern zu sehr einschränken zu müssen.

Auch die Bemühungen der Politiker, den Kinderreichtum anzukurbeln, sind nicht immer förderlich. Wenn an den Nachwuchs mit der Überlegung gedacht wird, dass Kinder her müssen, damit die Kosten für die Sicherung unserer Sozialsysteme erwirtschaftet werden, dann ist das Ziel einfach zu zweckhaft. Es wäre sinnvoller, die Freude in den Mittelpunkt zu stellen, die von Kindern ausgeht. Kinder sind nicht nur Empfänger, sondern auch Geber. Das müsste mehr betont werden. Wenn Kinder als Bereicherung unseres gesellschaftlichen Lebens erfahren werden, sind wir vielleicht auch bereit, ihre Spiele und den Lärm, den Kinder gelegentlich machen, als etwas Normales und nicht als Belästigung hinzunehmen. Vor allem aber müssen Eltern nicht perfekt sein, sie dürfen Fehler machen. Wenn dann noch gegenseitige Unterstützung und eine Portion Gottvertrauen hinzukommen, dürften Mütter und Väter zu mehr Gelassenheit finden. Genau das ist ihnen zu wünschen am Muttertag und auch an den anderen Tagen des Jahres.

Ein Gefängnispfarrer wurde einmal gefragt, welche Fälle unter den Gefangenen die schlimmsten seien. Er gab zur Antwort: Es sind die, denen beim Wort Mutter nichts Gutes einfällt. Die Bedeutung der Mutter für die Entwicklung eines Kindes steht außer Frage. Durch sie lernt das Kind das Sprechen. Wir sprechen ja von »Muttersprache«. Es sind vor allem die Mütter, die Kinder auf den Weg des Glaubens führen. Wenigstens einmal im Jahr die Bedeutung der Mütter hervorzuheben, steht auch der Mutter Kirche gut an. Dabei sollte sie alles, was in ihren Kräften steht, tun, um den Müttern zu helfen, ihren Aufgaben gerecht zu werden.

Himmelfahrt

Manche Zeitgenossen können mit diesem Fest nicht allzu viel anfangen. Vielleicht ist es für sie der Vatertag. Das ist nicht unbedingt schlecht, wenn man dabei an den himmlischen Vater denkt, zu dem Jesus Christus aufgefahren ist. Dass sie an diesem Tag nicht zur Arbeit gehen müssen, gefällt wohl den meisten, und wehe dem, der daran denkt, dieses Fest zu streichen!

Eigentlich macht ein Fest aber nur Sinn, wenn man um die tiefere Bedeutung weiß.

Ich verbinde mit Himmelfahrt die besondere Nähe Gottes zu uns Menschen. Jesus ist nicht in den Himmel aufgefahren, um uns Menschen zu verlassen, sondern um noch mehr bei uns zu sein. Er sagt im Matthäusevangelium: »Ich bin bei euch bis zum Ende der Welt« (Mt 28,20).

Der Himmel ist das, was unsere Erde umspannt. Wenn Jesus dorthin gegangen ist, dann umgibt er mit seiner Gegenwart die ganze Erde, dann ist er überall, wo Menschen leben.

Wir müssen nicht nach Galiläa reisen, in das Heimatland Jesu, um dem Auferstandenen zu begegnen, er ist immer schon in unserer Nähe. Wir finden ihn, wo Menschen sich in seinem Namen versammeln, sein Wort hören, sein Mahl feiern und vor allem seine Liebe weitergeben. Wo Menschen ein Stück Himmel für andere schaffen, für Arme und Kranke, da ist er. Der Himmel ist nicht über den Wolken, sondern bei uns. Himmelfahrt unterstreicht die universale Bedeutung Jesu Christi. Er ist für alle Menschen da. Er schließt niemanden von seiner Liebe aus. Sein Heilswille ist nicht gebunden an Religion oder Konfession. Für uns Christen hat das Konsequenzen: Auch die Kirche muss für alle Menschen da sein, offen für alle Völker und Kulturen. Himmelfahrt weist uns Christen hin auf unsere Verantwortung gegenüber der Welt. Es geht nicht nur um das Leben nach dem Tod, sondern auch um das davor. Menschen, die an die Auferstehung und Himmelfahrt Christi glauben, sind nicht zur Weltflucht legitimiert, sondern zur Sorge um die Schöpfung berufen.

Darum gehört zum kirchlichen Leben immer auch die Caritas. Wo sie praktiziert wird, da ist Jesus am Werk.

Ein Lied, das in Jugendgottesdiensten gesungen wurde, gibt diese Gedanken gut wieder:

Schaut nicht hinauf, der Herr ist hier bei uns,
jetzt noch verhüllt, doch bald in Herrlichkeit,
wenn ihn alle sehn am Ende dieser Zeit.
Du meinst, Christus lebt nicht mehr,
denn er starb ja an dem Kreuz.
Du meinst, falls er auferstand,
fuhr er ja zum Himmel auf,
floh das Elend dieser Welt, ließ als Waisen uns zurück;
aber spür doch, dass er wirklich in uns lebt.

Verfasser: Hoffmann/Mausberg/Norres/Schuhen, Edition Werry

Wort zum Pfingstfest

Eine Gemeinde in Köln hatte zu Weihnachten ein Transparent in der Stadt für viele Menschen lesbar angebracht: »Christus ist geboren – Wir wünschen frohe Weihnachten!« Zu Ostern folgte dann die Aufschrift: »Christus ist auferstanden – Wir wünschen frohe Ostern!« Manche Leute waren nun schon neugierig auf Pfingsten. Aber leider kam nichts. Ist Pfingsten eine Fehlanzeige? Hat dieses Fest den Menschen weiter nichts zu sagen?

Ich erkläre dieses Fest gerne mit einem funktionsbereiten Feuerzeug. Es ist voll getankt, Feuerstein, Docht, alles ist da. Doch ohne Zündung gibt es kein Feuer.

Damals nach Ostern, da war die Jüngergemeinde wie ein voll getanktes Feuerzeug. Die Jünger hatten wiederholt die unglaubliche Erfahrung gemacht, dass Jesus, der am Kreuz gestorben war und begraben wurde, lebt. Sie tauschten ihre Erfahrungen untereinander aus, waren voll davon. Aber sie gingen damit nicht an die Öffentlichkeit. Sie hatten Angst, verlacht und verfolgt zu werden. Der Glaube war da, aber er leuchtete nicht. Die Jünger bildeten eine geschlossene Gesellschaft. Und dann kam Pfingsten, die Stunde des heiligen Geistes, kam Feuer, Zündung. Da brennt der Glaube lichterloh. Die Jünger überwinden alle Ängste und gehen hinaus, um die Botschaft von der Auferstehung des Herrn zu verkünden.

Pfingsten macht aus ängstlichen, mutlosen Christen Gemeinden voller Dynamik, eine Kirche, die Glaube, Hoffnung und Liebe zum Leuchten bringt. Wo diese Kirche sich zeigt, da herrscht keine Ratlosigkeit, da haben geistlose Konzepte keine Chance, da ist Lebendigkeit.

Darum ist Pfingsten auch der Geburtstag der Kirche.

Ohne Zündung bleibt ein Feuerzeug ohne Wirkung, ohne den Heiligen Geist bleibt die Kirche ein frommer, introvertierter Verein. Wo aber der Geist Gottes zum Tragen kommt, da ist Leben, da ist Glück. Vielleicht sollten wir in unserer Stadt ein Transparent zu Pfingsten aufhängen mit der Aufschrift: »Gottes Geist schenkt Leben – Wir wünschen frohe Pfingsten!«.

Dem Heiligen Geist auf der Spur

Wir feiern Pfingsten. Die meisten wissen, dass es das Fest des Heiligen Geistes ist. Viele aber können mit diesem Fest wenig anfangen. Der Heilige Geist ist ja nicht zu fassen. Wir Menschen können besser begreifen, was wir spüren, anfassen, im wahrsten Sinne des Wortes *begreifen* können.

Man kann den Eindruck haben, dass der Heilige Geist sich heute verflüchtigt, sozusagen auf der Flucht ist. Da wäre es ratsam, ihn zu suchen, um ihm auf die Spur zu kommen.

Wir müssten wie ein Detektiv auf seine Spuren achten. Welche Spuren hinterlässt der Heilige Geist, wenn er irgendwo auftritt? Was bewirkt er?

Laut Heiliger Schrift hinterlässt er dort, wo er auftritt, vor allem Einheit und Frieden. So hören wir in der Apostelgeschichte (2,1-11), wie Menschen ganz unterschiedlicher Herkunft mit sehr verschiedenen Sprachen und Kulturen das eine Evangelium gemeinsam verstehen. Der Heilige Geist vereint sie im Bekenntnis des einen Glaubens. Im Korintherbrief berichtet der Apostel Paulus davon, wie der Heilige Geist in der christlichen Gemeinde die unterschiedlichen Gemeindemitglieder zur Einheit zusammenführt. Er schreibt: »Durch den einen Geist wurden wir in der Taufe alle in einen einzigen Leib aufgenommen, Juden, Griechen, Sklaven und Freie« (1 Kor. 12,13).

Im Evangelium trägt Jesus den Jüngern den Dienst der Versöhnung auf: »Empfangt den Heiligen Geist! Wem ihr die Sünden vergebt, dem sind sie vergeben« (Joh 20, 22.23).

Der Dienst der Versöhnung hat immer Einheit und Frieden zum Ziel. Zu Pfingsten betet die Kirche im Friedensgebet: »Unser Herr Jesus Christus hat den Heiligen Geist gesandt, damit er die Kirche aus allen Völkern in Einheit und Liebe zusammenführe.«

Die Spuren des Heiligen Geistes sind klar ersichtlich: Wo immer wir unter Menschen Einheit und Frieden finden, da war der Heilige Geist am Werk. Wo Menschen sich versöhnen, aufeinander zugehen, da ist Pfingsten. Wo Menschen mit unterschiedlichem Charakter sich wie Schwestern und Brüder begegnen, da wirkt Heiliger Geist.

Konkreter gesprochen: Wo Fremde und Einheimische, Junge und Alte, Eltern und Kinder, Männer und Frauen, Christen und Muslime friedlich miteinander leben, da wirkt Heiliger Geist, da ist Pfingsten.

Wenn Sie selber wissen wollen, wie geistvoll Sie sind, dann achten Sie nicht darauf, ob Sie geistreiche Bemerkungen machen können, anderen geistig überlegen sind oder gelegentlich Geistesgegenwart haben. Das alles hat wenig mit dem Heiligen Geist zu tun. Achten Sie vielmehr darauf, wie weit Sie zur Vergebung bereit sind und bemüht, mit anderen in Frieden zu leben, auch wenn dies manchmal nicht einfach ist.

Dem Heiligen Geist sind wir auf der Spur genau da, wo wir merken, dass eine gute Atmosphäre den Raum erfüllt. Wenn die Luft zum Durchschneiden ist, dann ist der Heilige Geist fern. Wenn aber eine frische Luft das Haus, die Kirche, das öffentliche Leben erfüllt, wenn alle an einem Strang ziehen, keiner die Atmosphäre vergiftet, dann ist da der Heilige Geist, dann ist dort Pfingsten.

Wenn alle frei atmen können, keiner unter Druck gesetzt wird, dann ist Gottes Heiliger Geist nicht fern. Der böse Geist will auseinander treiben, will entzweien. Gottes Geist will immer vereinen. In einem Pfingstgebet heißt es: »Komm Heiliger Geist, erfülle die Herzen deiner Gläubigen und entzünde in ihnen das Feuer deiner Liebe!«

Wir sind alle zur Einheit aufgerufen. Jede und jeder sollte einen Beitrag leisten an der Gemeinschaft. Dabei dürfen wir auf den Beistand des Heiligen Geistes vertrauen. Er steht uns zur Seite, Pfingsten und darüber hinaus.

Damit Kirche kein Museum wird

Obwohl Pfingsten zu den Hochfesten gehört, wird es meistens weniger beachtet als Weihnachten und Ostern. Dennoch ist es ein außerordentlich wichtiges Fest, weil die Erinnerung an die Sendung des Heiligen Geistes nicht in Vergessenheit geraten darf und sein Wirken für Kirche und Welt auch heute bitter nötig ist.

Mich beeindruckt immer wieder der Bericht aus dem Johannesevangelium, wie der Auferstandene den Jüngern erschien, sie anhauchte und sprach: »Empfangt den Heiligen Geist!« (Joh 20,22). Wenn wir dieses Anhauchen wörtlich aus dem Griechischen übersetzen, heißt es: »Er blies in sie hinein.« Da muss ich an meine alte Trompete denken, die ich früher geblasen habe. Nur wenn ich hineinblies, erschallten die Trompetentöne. Ohne einen Bläser bleibt sie ein stilles Instrument, etwa als Museumsstück, nur als Zierde an der Wand. Dieses Bild lässt sich leicht auf die Kirche übertragen: Nur wenn Christus der Kirche den Heiligen Geist sendet, ihn in die Gemeinschaft der Christen »hineinbläst«, werden Gotteslob und Verkündigung zu hören sein. Es werden neue Töne erklingen, Lieder vom Frieden und Worte der Versöhnung. Ohne den Geist Gottes wird die Kirche zum Museum wie die Trompete, wenn niemand mehr hineinbläst. Die Kommunen veranstalten jährlich einen Tag des offenen Denkmals. Dazu zählen auch viele Kirchen. Sie sind historische Sakralbauten, die nicht nur zur Besichtigung, sondern zu Einkehr und Gebet einladen. Es wäre gut, wenn Besucher spüren können, dass diese Stätten mehr sind als bloße Denkmäler. Dort sollte der Geist zu merken sein, der den Kirchen und Gemeinden Lebendigkeit und Kraft verleiht.

Pfingsten als Fest des Heiligen Geistes ist wichtig, damit Kirche kein Museum wird.

Der Apostel Paulus nennt die Christen »Tempel des Heiligen Geistes« (1 Kor 3,16).

Wenn wir nicht zu Museen werden wollen, ist es wichtig, dass wir den Atem des Gottesgeistes in uns hineinlassen. Dies setzt Offenheit voraus und den Glauben an sein Wirken auch heute.

Pfingstochse

Manche kennen noch den Begriff »Pfingstochse«. Er kann uns in den Sinn kommen, wenn wir Pfingsten feiern. Der Ursprung liegt wahrscheinlich in vorchristlicher Zeit, da den Göttern Tieropfer dargebracht wurden. Zu Pfingsten, da die Rinder auf die Weide geschickt wurden, war dies nach heidnischem Verständnis vielleicht sehr wohl angebracht. Später wurde der Pfingstochse als Leittier mit Blumen, Stroh und Kränzen geschmückt in feierlicher Prozession durchs Dorf geleitet. Schließlich wurde Pfingsten zu einem ausgeprägten Hirtenfest. Noch heute werden in

Süddeutschland, Österreich und der Schweiz Rinder beim Austrieb mit Blumen geschmückt. Von diesem bunten Schmücken der Tiere erhielt dann auch mancher, der sich auffällig kleidete, den Ruf »geputzt wie ein Pfingstochse«. Mancherorts wurden auch die Langschläfer »Pfingstochsen« genannt. Das Wort Pfingstochse ist also nicht gerade positiv besetzt. Wer will schon gerne als bunter Vogel oder als Langschläfer verlacht werden! Ein Opfertier möchte ohnehin niemand sein.

Um aber zu begreifen, was Pfingsten bedeutet, müssen wir in der Bibel nachschauen. Da stoßen wir auf die Apostelgeschichte, die berichtet, wie 50 Tage nach Ostern der Heilige Geist auf die Apostel herabkam und sie mit Kraft und Mut erfüllte. Von da ab waren sie nicht mehr zu halten. Furchtlos verkündeten sie überall die Auferstehung Christi. Pfingsten wird deshalb als der Geburtstag der Kirche angesehen. Für uns Christen ist dieses Fest sehr wichtig. Wir glauben, dass wir auch heute ohne das Wirken des Heiligen Geistes nicht viel ausrichten können. Wir sind keine »Pfingstochsen«, die dieses Fest verschlafen oder sonst verdrängen.

Wir wenden uns der biblischen Botschaft zu, hellwach und offen, um Gaben zu empfangen, die wir uns nicht kaufen können, die uns aber davor bewahren, in der einen oder anderen Form zu Pfingstochsen zu werden.

Einheit der Christen

Wir spüren die Zerrissenheit,
die unsre Welt zerstört;
dazu noch die Verbissenheit,
die oft dazu gehört.

Gespalten ist die Christenheit,
die Einheit sollte stiften.
Mein Gott, wo bleibt die Einigkeit?
Soll Streit die Erd' vergiften?

Dich, Gott, bat Jesus sehr darum,
die Einheit uns zu schenken.
Du kannst allein das Christentum
zusammen wieder lenken.

Wir müssen unsern Beitrag geben
und unsern Bruder achten:
einander unsre Schuld vergeben
und ändern, was wir dachten.

Wir sollten tun, was uns vereint,
in kleinen Schritten wandern:
und hören, was ein jeder meint.
So finden wir zum andern.

Fronleichnam

In einer Stadt gingen an Buß- und Bettag Kirchenvertreter beider Konfessionen, ausgerüstet mit Plakaten, durch die Innenstadt. Auf den Plakaten waren Bilder zu sehen und Sätze zu lesen, die auf die Bedeutung von Buße und Gebet auch in unserer Zeit hinweisen sollten. Die meisten Leute interessierte das wenig. Sie regten sich allerdings darüber auf, dass der Staat den Feiertag abgeschafft hat, sodass die Berufstätigen an diesem Tag zur Arbeit gehen müssen. Ich könnte mir vorstellen, dass die Aufregung ähnlich wäre, würde bei uns wie in manchen Bundesländern Fronleichnam als staatlicher Feiertag abgeschafft. Dabei ginge es den Leuten nicht um den Inhalt des Festes, sondern um den freien Tag. Ein verlängertes Wochenende gar lässt jeder sich gern gefallen. Ich finde, dass Menschen sehr oberflächlich leben, wenn sie nicht mehr darüber nachdenken, welche Bedeutung ein Fest hat. Immer wieder hört man von Befürchtungen, dass das Christentum in unserem Land verschwindet und der christliche Glaube gewissermaßen verdunstet.

Religiöse Feste sind eigentlich dazu da, Glaubensinhalte fest zu machen. Sie sind wie Denkmäler, die uns an Wichtiges erinnern. Woran erinnert uns nun das Fest Fronleichnam, das wir jährlich feiern? Das altdeutsche Wort Fronleichnam heißt ins Hochdeutsche übersetzt »Leib des Herrn«. Wir werden daran erinnert, dass Jesus beim Abendmahl Brot in seine Hände nahm und sprach: »Das ist mein Leib für euch« (1 Kor 11,24). Da Jesus den

Jüngern den Auftrag gab, das Abendmahl auch künftig als Erinnerung an ihn zu feiern, halten die christlichen Kirchen bis heute immer wieder dieses besondere Mahl. In der katholischen Kirche wird daran festgehalten, dass Jesus bei der Feier der Eucharistie (Abendmahl) in Brot und Wein gegenwärtig ist, solange dies noch nicht verzehrt ist. Darum gibt es in den Kirchen den »Tabernakel« als Aufbewahrungsort für die übrigen Hostien.

An Fronleichnam wird nach der Eucharistiefeier eine der Hostien in eine »Monstranz« gegeben, ein kostbares Zeigegerät, und dann in einer Prozession durch die Straßen getragen, begleitet von Gebeten und Gesängen. Damit verbunden ist der Wunsch, dass Jesus, der auferstandene Herr, durch unsere Straßen und Wohngebiete ziehen möge, um den Menschen seinen Segen und seine Hilfe zu schenken. Es ist ein Beitrag zu dem Verlangen, unsere Welt von Gottlosigkeit zu befreien.

Vielleicht kann uns dieses Fest daran erinnern, dass es an der Zeit ist, dafür zu sorgen, dass die Menschen wieder mehr die Nähe Gottes spüren. Es gibt Zeichen für seine Präsenz über Fronleichnam hinaus. Solche Zeichen können zum Beispiel Kirchen mit ihren Türmen sein. Wichtig ist nur, dass wir diese Zeichen und Hinweise pflegen auch durch gute Traditionen. Fronleichnam nur als verlängertes Wochenende ist zu wenig.

Reisesegen

Wenn die Schulen Sommerferien haben und für viele die Urlaubszeit beginnt, sind Menschen zu Lande, zu Wasser und in der Luft unterwegs. Sie suchen Entspannung und Erholung Es ist auch eine Zeit mit vermehrter Unfallgefahr. Darum ist es verständlich, dass die Reisenden sich nach Schutz sehnen. Die Verkehrspolizei ist aufgerufen, für möglichst viel Verkehrssicherheit zu sorgen. Doch das allein genügt nicht. So wünschen sich die Menschen Hilfe von oben. Dazu bieten die Kirchen einen Reisesegen an, der mit einer Fahrzeugsegnung verbunden werden kann.

Manche bringen in ihrem Auto eine Plakette mit dem Bild des Heiligen Christophorus, dem Schutzpatron der Reisenden, an. Die Legende erzählt, dass Christophorus ein Kind über einen reißenden Fluss trug. Dabei stellte sich heraus, dass es das Jesuskind war. »Was ihr für einen meiner geringsten Brüder getan habt, das habt ihr mir getan«, sagt Jesus (Mt 25,40).

Im Benediktionale, dem Segensbuch der katholischen Kirche, gibt es eigens eine Fahrzeugsegnung neben dem Reisesegen für Urlauber. Segen zu erbitten besonders mit Blick auf Gefahren, ist sicherlich gut. Dennoch ist ein wenig Vorsicht geboten. Der Reisesegen ist kein Freibrief für gewagtes Verhalten im Straßenverkehr. Eine Christophorusplakette auch mit Segen ist kein Talisman. Ein magisches Verständnis von Segen ist nicht angebracht. Bei unverantwortlicher Geschwindigkeitsüberschreitung oder Missachtung von Verkehrsregeln steigt Christophorus aus. In der Fahrzeugsegnung heißt es: »Herr, beschütze alle, die unterwegs sind, vor Unglück und Schaden. Gib, dass wir im Straßenverkehr allzeit verantwortungsbewusst bleiben; mach uns rücksichtsvoll und hilfsbereit!« Die Bitte um Schutz auf der Reise macht nur Sinn, wenn jeder gleichzeitig sein Verantwortungsbewusstsein stärkt. Dazu gehört auch die Bereitschaft, denen zu helfen, die Probleme haben. Das Gleichnis vom barmherzigen Samariter im Evangelium, das bei uns zu Beginn der Reisezeit im Gottesdienst verlesen wird, könnte ein Appell sein an alle, Verunglückte nicht ohne Hilfe liegen zu lassen. Urlaubszeit ist keine Pause von der christlichen Nächstenliebe.

Es ist schön, wenn Menschen mit Gottvertrauen in den Urlaub fahren. Es ist auch gut, wenn sie Zeichen und Symbole für ihren Glauben mitnehmen. Selbst beim Fußballspiel gibt es von Seiten der Beteiligten immer wieder den Blick nach oben, das Kreuzzeichen und sogar den Rosenkranz in der Hand. Aber eine Garantie für den Sieg ist das nicht, wie wir schon häufiger gesehen haben. Gott ist kein Automat, in den man ein Gebet wie eine Münze hineinwirft und schon kommt das entsprechende Ergebnis. Religiöse Zeichen sind nur dann Glücksbringer, wenn wir gleichzeitig durch unser Verhalten unseres Glückes Schmied sind.

Wir sollten Glauben nicht mit Aberglauben verwechseln. Es kann manches anders kommen, als wir glaubten. Wichtig ist das Vertrauen, dass Gott alles zum Guten führt. Der Reisesegen mit der Bitte, dass Gott alle Urlauber vor Gefahren des Leibes und der Seele beschütze und sie gesund und froh heimkehren lasse, ist nur so sinnvoll.

Maria

»Mariä Himmelfahrt«, so wird das Fest, das die katholische Kirche am 15. August feiert, landläufig genannt. Es geht um ihre Aufnahme in den Himmel, ganz, mit Leib und Seele. Das ist typisch katholisch wie überhaupt die Art der Marienfrömmigkeit. Evangelische empfinden da anders. Aber wir sind uns in den unterschiedlichen Konfessionen einig darin, dass Maria in der Bibel eine wichtige Rolle spielt. Dass Maria durch die Gnade Gottes zur ewigen Vollendung gelangt ist, hat mir gegenüber noch nie ein gläubiger Christ abgestritten. Von Martin Luther ist bekannt, dass er große Achtung vor der Mutter des Herrn hatte.

Manchmal gibt es da ja auch Missverständnisse bezüglich der katholischen Marienverehrung. So verehren Katholiken Maria, beten sie aber nicht an wie Gott. Auch die Bezeichnung »Gottesmutter« sagt etwas über die Wesenheit Jesu, der nach christlichem Verständnis Gott und Mensch zugleich ist, und macht aus Maria keine Göttin. Heute betonen wir stärker als frühere Generationen, dass Maria unsere Schwester im Glauben ist, ein großes Vorbild. Sie hat Jesus die Treue gehalten bis unter das Kreuz. Zeitlebens hat sie sich als »Magd des Herrn« verstanden. Katholische Christen sehen in ihr eine gute Fürbitterin, die für alle, die sie anrufen, bei ihrem Sohn ein gutes Wort einlegt so wie bei der Hochzeit zu Kana, als der Wein ausging. Für viele ist das Bild Mariens tröstlich. In der bildenden Kunst finden wir viele Darstellungen Mariens.

Der französische Dichter Paul Claudel schrieb bei der Betrachtung eines Marienbildes in der Kathedrale Notre Dame in Paris tief bewegt:

»Mutter Christi, ich komme nicht, um zu beten.
Ich habe nichts anzubieten, noch zu bitten.
Ich komme nur, Mutter, um dich anzusehen,
nur für einen Augenblick, während die Zeit stillsteht,
mit dir zu sein, Maria, an diesem Ort, wo du bist,
nichts sagen, dein Gesicht betrachten.
weil du schön bist,
die Frau in der Gnade endlich wiederhergestellt,
das Geschöpf in seiner früheren Ehre
und seiner endgültigen Entfaltung.
Weil du da bist, für immer da bist,
Mutter Christi, danke ich dir!«

Aus der sibirischen Gefangenschaft wird erzählt, dass einer der Gefangenen ein Marienbild malte, und dass die Männer in ihrem Elend ruhig wurden, getröstet, als sie dieses Bild sahen.

Mariä Aufnahme in den Himmel ist für mich ein schönes Fest. Ihr Bild ist ein Bild der Hoffnung. Es führt weiter als all die Bilder, die wir täglich sehen.

Das innerste Pünktlein

Wenn die Schulferien vorbei sind und die Leute aus dem Urlaub zurückgekehrt sind, beginnen in den Kirchengemeinden wieder viele Aktivitäten. Den Auftakt bilden die zahlreichen ökumenischen Schulgottesdienste. In der evangelischen Kirche steht der Konfirmandenunterricht auf dem Plan, in der katholischen der Erstkommunionunterricht. Gemeindebriefe werden verteilt. Darin künden die Gruppen und Verbände ihre Aktivitäten an. Gemeindemitglieder werden zum Mittun eingeladen. Da sind viele Ehrenamtliche mit ihrem Einsatz sehr willkommen.

Schließlich steht Kirche mit ihrem Freizeitangebot nicht allein da. Es gibt sehr viele Mitanbieter, wobei der Sport auch nur einer ist. Ein Blick in den Veranstaltungskalender der Städte und Gemeinden lässt erkennen, wie viele Möglichkeiten die Bürger haben, ihre Freizeit zu verbringen. Da müssen sich die kirchlichen Mitarbeiter schon anstrengen, wenn sie mithalten wollen. Die Kirchen und kirchlichen Heime füllen sich nicht mehr von selbst. Längst ist die Kirche bei uns keine Volkskirche mehr, wo jeder des Sonntags wie selbstverständlich zum Gottesdienst geht. Wir sprechen heute von der Freiwilligkeitskirche bzw vom Entscheidungschristentum. Da ist Werbung und Mission nötig. Da kann man sich nur freuen, dass immer noch eine stattliche Anzahl von Christen bereit ist, in die Speichen zu greifen und das Rad der Gemeinde zu drehen.

Bei aller Bereitschaft, in der Kirche aktiv zu sein, ist allerdings auch Vorsicht geboten. Es besteht die Gefahr, der »Häresie der Betriebsamkeit« zu verfallen. Christen müssen bedenken, dass nicht sie das Leben in den Gemeinden garantieren und den Glauben erzeugen können. Das bewirkt ein anderer. Glaube ist schließlich Gnade. Jesus sagt im Johannesevangelium: »Ohne mich könnt ihr nichts vollbringen« (Joh 15,5).

Gemeindemitglieder und Verantwortliche in den Gemeinden können für günstige Rahmenbedingungen sorgen, können auch mit der Gnade Gottes mitwirken, das Eigentliche aber kommt von dem, der unsichtbar in der Kirche lebt und der Kirche die Kraft des Heiligen Geistes schenkt. Eine kleine Geschichte kann dies unterstreichen:

Ein alter Rabbi erging sich einmal an einem Spätsommerabend mit seinem Enkel im Hof des Lehrhauses. Er begann zu reden: »Wenn einer Vorsteher wird, müssen alle nötigen Dinge da sein, ein Lehrhaus, Zimmer, Tische und Stühle. Einer wird Verwalter, einer Diener und so fort. Und dann kommt der böse Widersacher und reißt das innerste Pünktlein heraus, aber alles andere bleibt wie zuvor, und das Rad dreht sich weiter, nur das innerste Pünktlein fehlt.« Der Rabbi hob die Stimme: »Aber Gott helfe uns: man darf's nicht geschehen lassen!«

Es ist gut, wenn Christen aus dem Urlaub Freude an Besinnung mitgebracht haben, damit sie sich nicht nur in Aktivitäten stürzen, sondern nachdenken über das, was wirklich wichtig ist. Es geht um das innerste Pünktlein von allem.

Stille erfahren

Es gibt in unserem Leben Erlebnisse, die man nicht vergisst. So erinnere ich mich an eine Stimmbandoperation, der ich mich vor Jahren unterziehen musste. Als der Arzt sagte, dass ich jetzt sechs Wochen nicht sprechen dürfte, war ich erschrocken. Wie sollte das gehen, vor allem in meinem Beruf, den ich ohne Stimme nicht ausüben kann? Ich wurde dienstunfähig geschrieben und zu einer längeren Pause »verdonnert«. Da ich im Pfarrhaus sicher versucht sein würde, gelegentlich doch etwas zu sagen, beschloss ich, ins Trappistenkloster zu gehen. Die Mönche schweigen den ganzen Tag, und ich dachte: Wo alle schweigen, könnte auch mir das Schweigen leichter fallen. So sprach ich sechs Wochen lang kein einziges Wort. Notgedrungen hörte ich auf einmal wie noch nie in meinem Leben auf die Stille. In dieser Zeit habe ich ganz neue Erfahrungen gemacht. Ich möchte sie durch folgende Geschichte wiedergeben, die mich sehr beeindruckt hat:

Ein Mann hatte von einem Einsiedlermönch gehört. Er konnte nicht verstehen, warum jemand so zurückgezogen und abgeschieden leben will. Er machte sich deshalb auf den Weg, um den Mönch nach den Erfahrungen der Stille zu fragen.

Als er zu der Klause kam und dem Mönch sein Anliegen vorgetragen hatte, führte ihn dieser zu einem Brunnen. Er nahm einen Stein, warf ihn in das Wasser und sagte zu dem Fremden: »Schau in den Brunnen! Was siehst du?« »Nichts«, antwortete der Fremde, »nur Wasser, das sich bewegt und leichte Wellen schlägt.« Der Mönch wartete eine Zeit lang und bat schließlich den Fremden, nochmals in den Brunnen zu schauen. »Was siehst du jetzt?«, fragte der Mönch seinen Besucher. »Jetzt? Ich sehe mich selber. Ich spiegele mich im ruhigen Wasser. Ganz deutlich kann ich mein Gesicht erkennen.« »Siehst du«, antwortete der Mönch, »das ist die Erfahrung der Stille!«

Sein eigenes Gesicht sehen, sich selbst erkennen, und dann den, nach dessen Bild und Gleichnis wir geschaffen sind, das ist die Chance der Stille. Ich kann es aus eigenem Erleben bestätigen. Die sechs Wochen der Stille waren für mich ein einziges Geschenk, das ich nicht missen möchte. Ich kann jedem nur empfehlen, zur wirklichen Erholung Zeiten und Orte der Stille zu suchen. Das können geöffnete Kirchen sein, ein Park, eine schöne Landschaft oder auch einmal ein Kloster, das Platz für Gäste hat, die für sich die Ruhe suchen. Wichtig ist bereits der Entschluss, dann kann die Verwirklichung folgen.

Reformation für alle

Der 31. Oktober ist Reformationstag. Er erinnert an die Veröffentlichung kirchenkritischer Thesen durch Martin Luther. Der fromme Mönch und Gelehrte wollte zu einer Diskussion über Missstände in der Kirche einladen und löste damit in der Christenheit ein regelrechtes Erdbeben aus. Der Reformstau in der Kirche war so enorm, dass ein Anstoß genügte, um die aufgebauten Dämme zu brechen. Nun ist dieses Ereignis bald ein halbes Jahrtausend her (1517), und wir fragen uns, was es gebracht hat. Es kamen viele Veränderungen in der Christenheit. Es kam zur Kirchenspaltung.

Die eine Seite nannte sich wegen ihrer Bibeltreue »evangelisch«, die andere »römisch-katholisch« wegen ihrer Papsttreue. Letztere betrieb eine »Gegenreformation«. Es kam zu einem Gegeneinander. Jedes Miteinander wurde ausgeschlossen. Ältere unter uns kennen das noch und erinnern sich an die getrennten Schulhöfe mit einem Zaun dazwischen.

Längst aber haben beide Kirchen erkannt, dass sie nur eine Zukunft haben, wenn sie wieder aufeinander zugehen. Beide wissen um die ständige Reformbedürftigkeit der Kirchen. Man spricht von der »ecclesia semper reformanda«, der stets zu erneuernden Kirche. Immer wieder können sich Fehler einschleichen, kann der ursprüngliche Wille Jesu verdunkelt werden. Da ist Reform einfach notwendig. Das Beste ist, diese gemeinsam anzustreben in guter Ökumene. Jesus wollte die Einheit seiner Jünger und somit der Christen. Die christlichen Konfessionen wissen dies. Wer als Christ das Herz auf dem rechten Fleck hat, dem ist Ökumene ein großes Anliegen. Sie besteht darin, dass Christen gemeinsam nach dem Willen Jesu fragen und um seine Verwirklichung beten.

Es gibt noch Unterschiede zwischen den christlichen Kirchen. Das Abendmahlsverständnis ist nicht deckungsgleich und auch nicht die Vorstellung vom Amt in der Kirche. Darüber müssen wir miteinander sprechen und dabei das Gemeinsame mehr betonen als das Trennende. Zum Glück geschieht dies heute. Auch ökumenische Gottesdienste sind selbstverständlich geworden. Wir Christen sind Schwestern und Brüder durch die Taufe, bei der es keinen Unterschied gibt.

Reformation bedeutet Erneuerung. Keine Konfession kann behaupten, bei ihr sei alles in Ordnung und eine Reform nicht nötig. Der Reformationstag ist eine Mahnung für alle, die sich Christen nennen, über Fehlentwicklungen nachzudenken und diese abzustellen. Dabei können die Konfessionen viel voneinander lernen.

Allerheiligen

Wir kennen das von den Klassentreffen. Da heißt es immer wieder: »Weißt du noch?« Es folgen Geschichten und Anekdoten. Es fallen uns vor allem Lehrer und Lehrerinnen ein, die uns geprägt und Weichen für uns gestellt haben.

Auch die Jünger erinnern sich nach Pfingsten: Wisst ihr noch, wie Jesus Kranke geheilt, den Sturm gestillt und uns später die Füße gewaschen hat? Wisst ihr noch, wie er am Kreuz gestorben ist und wir ihn nach Ostern als auferstanden gesehen haben? Wisst ihr noch, wie er uns den Heiligen Geist gesandt und uns bei unserer Mission Erfolg geschenkt hat?

Jesus war für sie der Heilige schlechthin. Er war ihnen »Weg, Wahrheit und Leben« (Joh 14,6).

Wenn wir Allerheiligen feiern, dann ist das wie bei einem Klassentreffen: »Wisst ihr noch?«

Die Kirche erinnert uns nicht nur an Jesus, sondern auch an die vielen Christen und Christinnen, die in der Nachfolge Jesu Vorbild waren für andere und es für uns heute sind. Sie haben die Bergpredigt Jesu gelebt, waren arm vor Gott, trauerten mit den Trauernden, hungerten nach Gerechtigkeit, waren barmherzig, stifteten Frieden, wurden wegen ihres Glaubens verfolgt und zu Tode gemartert.

Sie waren nicht perfekt, hatten ihre Fehler, aber im Vertrauen auf Gott haben sie das Evangelium gelebt. Sie haben wie die guten Lehrer andere geprägt, Weichen für das Leben gestellt.

Allerheiligen will uns erinnern, dass die Zahl der Heiligen, das heißt der durch Christus Erlösten, weit über die Zahl derer hinausgeht, die in den kirchlichen Verzeichnissen der Heiligen stehen.

Gleichzeitig will dieses Fest uns daran erinnern, dass auch wir zur Heiligkeit berufen sind.

Deswegen müssen wir keine Überflieger sein. Es genügt, an das Evangelium zu glauben und die Bereitschaft, es mit allen Kräften zu leben.

Viele von uns haben als Vornamen den Namen eines Heiligen. Vielleicht sollten wir uns einmal für die Biografie unserer Namenspatrone interessieren. Wahrscheinlich können wir heute nicht genauso leben wie sie. Es könnte aber Aspekte in ihrem Leben geben, die nachzueifern es sich lohnt.

Erinnern sollten wir uns auch an Menschen, die gestorben sind, ohne jemals heiliggesprochen zu werden, die uns aber etwas vom Evangelium vorgelebt haben. Meistens sehen wir dies deutlicher, wenn sie nicht mehr da sind.

Allerheiligen ist ein Fest, das uns gute Impulse geben kann für ein sinnvolles Leben.

Kein Heiliger?

Mit einem gewissen Stolz hört man gelegentlich Leute sagen: »Ich bin kein Heiliger!« Sie wollen natürlich sagen, dass sie auch ihre Fehler und Macken haben und nicht immer auf den Pfaden der Tugend gewandelt sind. Geht man aber von der Sprechweise der ersten Christen aus, so wäre »Ich bin kein Heiliger« gleichbedeutend mit »Ich bin kein Christ!« Tatsächlich wurden laut Bibel die ersten Christen »Heilige« genannt. So schreibt der Apostel Paulus einen Brief »An alle in Rom, die von Gott geliebt sind, die berufenen Heiligen« (Röm. 1,7).

In der Vergangenheit ist die Heiligenverehrung besonders in der katholischen Kirche so übertrieben worden, dass Heilige zu Wesen ohne Fehl und Makel »hochgejubelt« wurden. Sie wurden in Lebensbeschreibungen und Bildern verkitscht dargestellt, auf ein Podest gehoben, verbunden mit der Gefahr, dass die Christusverehrung verdrängt wurde. Das jüngste Konzil (Vaticanum II) hat die Heiligen wieder auf den Teppich zurückgeholt: Ganz heilig ist nur Christus, der allerdings alle Menschen erlösen und somit heiligen will. In der Messfeier ist die Rede von Gott, dem »Quell aller Heiligkeit«. Nein, niemand kann sich den Himmel durch noch so große Verdienste erwerben. Alles ist Gnade, die Gott dem schenkt, der glaubt. Da hat Martin Luther schon Recht. Heilige sind Beispiele dafür, dass die göttliche Gnade nicht ohne Wirkung geblieben ist. Wenn wir das Leben der Heiligen betrachten, sehen wir, dass viele von ihnen durchaus Glaubensprobleme hatten und ernsthaften Versuchungen ausgesetzt waren. Nicht wenige von ihnen waren in ihrer Jugend alles andere als »Tugendbolde«. Sie haben um ihren Glauben gerungen, haben vieles von Gott nicht verstanden. Manche sind auf Abwege geraten und erst auf Umwegen zu Gott zurückgekehrt. Mich haben diese Heiligen immer sehr fasziniert, weil ihre Geschichte mir Mut machte, wenn ich wieder einmal »danebenhaute«.

Heilige sind keine selbstgemachten Helden. Paulus sagt: »Durch Gottes Gnade bin ich, was ich bin« (1Kor 15,10). Darum wendet sich jede Heiligenverehrung zuallererst an Gott, den Spender aller Gnaden. So wird ja auch ein vernünftiger Christ Gott danken, wenn ihm etwas gelungen ist. Denn er ist auch der Geber unserer Gaben.

Wir feiern Allerheiligen. Dabei denken wir vor allem an die vielen kleinen von der Welt nicht besonders beachteten Menschen, die nicht in der offiziellen Liste der Kirche als Heilige stehen. Ich denke an eine einfache Frau, die in Familie und Nachbarschaft einfach nicht nein sagen konnte und wie selbstverständlich half, wenn sich Not zeigte. Ich denke an so viele, die ihren Glauben durch Liebe gelebt haben. Dabei danke ich Gott, der uns allen immer wieder durch Menschen so viel Güte schenkt.

Gehen auch wir unseren Weg, den Weg zur Heiligkeit. Jesus begleitet uns. Er hat gesagt: »Ich bin der Weg, die Wahrheit und das Leben. Niemand kommt zum Vater außer durch mich!« (Joh 14,6).

Sankt Martin

Bei dem Datum 11.11. denken viele sofort an die Eröffnung der Karnevalssaison. An diesem Tag treten um 11 Uhr 11 die Narren in Erscheinung.

Die Martinsumzüge für Kinder mit Laternen und Blasmusik erinnern uns daran, dass dieser Tag ursprünglich einen religiösen Charakter hat. Am 11. November ist nämlich das Fest des heiligen Martin. Viele kennen die Geschichte vom Martin, der seinen Mantel mit einem Bettler teilte. Das bekannte Martinslied besingt diese Legende:

Sankt Martin ritt durch Schnee und Wind,
sein Ross, das trug ihn fort geschwind.
Sankt Martin ritt mit leichtem Mut,
sein Mantel deckt ihn warm und gut.
Im Schnee, da saß ein armer Mann,
hat Kleider nicht, hat Lumpen an.
»O helft mir doch in meiner Not,
sonst ist der bittre Frost mein Tod!«
Sankt Martin zog die Zügel an,
sein Ross steht still beim armen Mann.
Sankt Martin mit dem Schwerte teilt
den warmen Mantel unverweilt.

Die Lebensgeschichte des heiligen Martin ist schnell erzählt. Er wurde 316/317 als Sohn eines römischen Tribunen im Donaugebiet geboren. Mit 15 trat er in die berittene kaiserliche Garde ein. Er war kein Christ, hatte aber ein gutes Herz. Da geschah es, dass er am Stadttor von Amiens im heutigen Frankreich dem besagten Bettler begegnete und voll Erbarmen den Mantel mit ihm teilte. Die Legende erzählt, dass ihm später Christus im Traum erschien, der sich mit dem Bettler identifizierte nach dem Jesuswort: »Was ihr einem meiner geringsten Brüder getan habt, das habt ihr mir getan« (Mt 25,40).

Martin interessierte sich für den christlichen Glauben und ließ sich im Alter von 18 Jahren taufen. Er wurde Schüler des christlichen Glaubenslehrers Hilarius von Poitiers. Später wurde er Einsiedler auf einer Insel bei Genua. 360 kehrte er nach Poitiers zurück und gründete das erste Kloster Galliens. 371 wurde er vom Volk zum Bischof von Tours ausgerufen. Er missionierte das Land, gründete Klöster und pflegte die Caritas. Er war eine große Leuchte. Er schaffte die Grundlage für das abendländische Mönchtum und beeinflusste durch die Ausbreitung des christlichen Glaubens wesentlich unsere Kultur. Er ist Patron vieler Berufe und wird in Krankheit und Not als Fürsprecher bei Gott angerufen.

Auch für uns Christen heute kann sein Vorbild große Bedeutung haben. Christliche Einstellung und Bereitschaft zum Teilen steht uns allen gut an. Wir müssen nicht mit einer Laterne durch unsere Gemeinde gehen. Aber wenn wir versuchen, an unserem Platz eine Leuchte zu sein, dann tragen wir dazu bei, dass unsere Gemeinde leuchtet und somit anziehend wirkt.

Mögen die Narren ihr Helau ausrufen, uns bleibt das Halleluja, das Gotteslob durch unser Tun am Fest des heiligen Martin und darüber hinaus.

Trauer in Hoffnung

Der November ist bekanntlich der Totenmonat. Die Menschen gehen an diesen Tagen zum Friedhof, um an den Gräbern ihrer Verstorbenen zu gedenken. Bei den Katholiken ist es das Fest Allerseelen, mit Allerheiligen verbunden, und bei den Protestanten der Totensonntag am Ende des Monats, auch Ewigkeitssonntag genannt.

Es ist wichtig, dass wir Menschen trauern. Trauern gehört wesentlich zum Menschen. Wer nicht trauern kann, hat eine wichtige menschliche Fähigkeit verloren. Wir wissen aus der Bibel, dass auch Jesus um seinen verstorbenen Freund Lazarus geweint hat.

Unsere heutige Gesellschaft will von Trauer häufig nicht viel wissen. Sie wird verdrängt. Der Psychologe Alexander Mitscherlich bescheinigt besonders uns Deutschen eine »Unfähigkeit zu trauern«.

Wer die Trauer aus seinem Leben ausklammert, sie umgeht oder verdrängt, tut sich und anderen damit keinen Gefallen. Trauer ist Ausdruck der Liebe und Wertschätzung, die wir für die Verstorbenen empfinden. Wenn wir beispielsweise nicht mehr trauern um die Opfer von Krieg und Gewalt, etwa am Volkstrauertag, dann ist uns irgendwann das Schicksal der Menschen egal. Diese Haltung produziert am Ende nur neues Unrecht.

Ich plädiere für Trauer um des Menschen willen. Allerdings trete ich auch ein für eine Trauer in Hoffnung. Sie hat im Glauben an die Auferstehung ihre Ursache. Deshalb schreibt der Apostel Paulus, dass Christen nicht trauern sollen wie diejenigen, die keine Hoffnung haben (1 Thess 4,13).

Wer im Tod das Tor zum Leben sieht, der wird trauern, allerdings in Hoffnung. Genau das wünsche ich allen, die an den trüben Tagen des November zum Friedhof gehen und ihrer Toten gedenken.

Die dunkle Jahreszeit

Wenn der Sommer vorüber ist, kommen bald die dunkleren Tage. Seelsorger bekommen mit, wie manche Menschen mit gedrückter Stimmung auf diese Zeit reagieren. Sie klagen über eine zunehmende Lustlosigkeit. Das hat auch Auswirkungen auf ihr Mittun in Gemeinde und Gemeinschaften. Worauf ist dieser Gemütszustand zurückzuführen und was können die Betroffenen dagegen tun? Mediziner erklären das Auftreten der gedrückten Stimmung im Herbst mit Lichtmangel. Wenn das Tageslicht spürbar abnimmt, produziert der Körper weniger stimmungsaufhellende Endorphine, die für unser Glücksgefühl verantwortlich sind. Die Folge ist Müdigkeit und Apathie.

Für manche kommt im Totenmonat November noch ein Gefühl von Traurigkeit hinzu. Die Erinnerung an den Verlust eines lieben Menschen schmerzt in dieser Zeit besonders.

Ärzte empfehlen Spaziergänge, Radfahren oder andere körperliche Bewegungen bei Tageslicht in der frischen Luft. Hilfreich ist auch die Pflege von Gemeinschaft. Die Wahrnehmung ehrenamtlicher Tätigkeiten kann dem Leben mehr Sinn vermitteln. Die Erfahrung, für andere da zu sein, wirkt sich positiv auf unser Gefühl aus.

Vor allem bewahrt der christliche Glaube, der den Sieg des Lebens über den Tod verkündet, davor, sich von Gefühlen der Hoffnungslosigkeit bestimmen zu lassen.

Es ist wichtig, Körper und Geist in dieser Jahreszeit in Schwung zu halten. Die Devise lautet: »Sich regen bringt Segen.« Da wir eine Einheit von Leib und Seele sind, müssen beide Seiten zu ihrem Recht kommen: Körper und Geist. Dabei ist der Aufruf: »Trimm dich, bet mal wieder!« auch nicht ganz abwegig.

Gerade in dieser Zeit kann der Besuch eines Gottesdienstes hilfreich sein, um in eine bessere Stimmung zu gelangen. Besinnung kann dem Leben neuen Sinn vermitteln und gerade das tut jedem gut.

Seligsprechung

In unserer Zeit kommt es relativ häufig vor, dass Verstorbene vom Papst selig gesprochen werden. Das wird in der Bevölkerung nicht ohne Nachfragen wahrgenommen. Ich war einmal von einem evangelischen Familienkreis eingeladen, um über die Heiligenverehrung in der katholischen Kirche zu referieren. Die Vorstellungen über diese katholische Besonderheit waren sehr interessant. Es ist nicht überflüssig, einmal zu erklären, was eine Seligsprechung ist und was nicht. Man muss dabei etwas geschichtlich ausholen. Im Christentum wurden schon sehr früh Märtyrer und dann auch andere Verstorbene, die den christlichen Glauben vorbildlich gelebt hatten, von der Gemeinde verehrt. In den Gottesdiensten wurde ihrer gedacht. Man sprach von Seligen und Heiligen. Mit der Zeit gab es auch Fehlentwicklungen in der Heiligenverehrung. Es entstanden Kulte, die durchaus zweifelhaft waren, sodass Bischöfe anfingen, die Sache in die Hand zu nehmen, um Wildwuchs zu verhindern. Erste Zeugnisse stammen aus dem zehnten Jahrhundert. Seit dem zwölften Jahrhundert entschieden mehr und mehr die Päpste, wer als selig oder heilig zu gelten habe. Dabei achteten sie darauf, ob die betreffenden Verstorbenen durch ihre Fürsprache bei Gott Zeichen und Wunder bewirkt haben, die ihr Leben im Himmel bezeugten. Bald wurden zur Klärung Selig- oder Heiligsprechungsprozesse eingeführt. Das Ziel ist, festzustellen, dass einer öffentlichen Verehrung eines Verstorbenen seitens der Kirche nichts mehr im Wege steht.

Der Papst macht niemanden zum Seligen oder Heiligen. Das ist allein Sache Gottes. Wir werden erlöst nur durch die Gnade Gottes, wie die Heilige Schrift eindeutig sagt. Wenn ein Glaubenszeuge selig gesprochen wird, bedeutet dies, dass er nach offizieller kirchlicher Überzeugung bei Gott ist. Wir dürfen ihn öffentlich verehren und ihn um seine Fürbitte bei Gott angehen. Das darf man nicht mit Anbetung verwechseln. Die steht nur Gott und Jesus Christus zu und keinem anderen.

Man sollte auch wissen, dass selig und heilig eigentlich kein Unterschied ist. Ein Seliger wird eher regional verehrt, ein Heiliger gesamtkirchlich, wobei die Grenzen fließend sind.

Die Verehrung von Seligen und Heiligen finde ich eigentlich nicht sonderbar. Ich erlebe immer wieder bei Kondolenzgesprächen, wie sehr Angehörige ihre Verstorbenen schätzen und verehren. Oft sagen sie auch, dass sie bestimmt im Himmel seien und erwarten, dass ich ihre Überzeugung teile. Natürlich hüte ich mich da vor Zweifeln. Auch wenn unsere evangelischen Mitchristen die Heiligenverehrung nicht kennen, bekomme ich doch mit, dass sie oft große Vorbilder haben wie zum Beispiel Dietrich Bonhoeffer oder Martin Luther King. Wir sind also recht verstanden gar nicht so weit auseinander. Selige und Heilige sind für uns gelebtes Evangelium. Wir brauchen diese Vorbilder für unseren Glauben und nehmen sie dankbar an. Dabei hat jeder Christ die freie Wahl, wem er nacheifern möchte. Es können die Namenspatrone sein, aber auch andere, die uns vorgelebt haben, wie christliches Leben konkret aussieht.

Caritas mit gestärkten Flügeln

Seit meiner Kindheit ist Caritas für mich eine zentrale Aufgabe der Christen. Ich habe als Kind den Krieg und die Nachkriegszeit erlebt. Ich erinnere mich an die vielen Vertriebenen, die in meine Heimat kamen. Die Kinder liefen häufig barfuß. Da ließ der Pfarrer bei meinem Vater, der Holzschuhmacher war, für die Bedürftigen Holzschuhe machen und bezahlte sie mit Holz, das er von den Bauern erbettelte. Für die evangelischen Flüchtlingskinder besorgte der katholische Geistliche Lutherbibeln. Diese Zeichen von Caritas und Ökumene haben mich für mein Leben geprägt.

Tatsächlich gehört der kirchliche Liebesdienst am Nächsten ebenso zur Kirche wie Sakrament und Wort. Die erste Enzyklika von Papst Benedikt XVI. unterstreicht dies. Caritas ist keine Nebentätigkeit der Kirche, sondern zentrale Aufgabe der ganzen Kirche.

Wer Jesus wirklich verstanden hat, der sieht in dem Schreiben des Papstes die Weitergabe des Auftrags Jesu.: »Was ihr für einen meiner geringsten Brüder getan habt, das habt ihr mir getan« (Mt 25,40). Das päpstliche Rundschreiben »Deus caritas est« hebt sowohl den Liebesdienst jedes einzelnen Christen als auch die organisierte Caritas hervor.

Es ist, wenn auch noch ausbaufähig, etwa durch stärkere Betonung der anwaltschaftlichen Position der Kirche für die Rechte der Benachteiligten, eine große Inspirationsquelle für alle in der Caritas Tätigen.

Nach Veröffentlichung dieser Enzyklika kann man sagen, dass die Caritas mit gestärkten Flügeln ausgestattet ist. Ich erhoffe mir für die Kirche einen Aufschwung im gesamten Bereich der Diakonia der Kirche.

Verantwortliche in den Kirchengemeinden werden sich nicht mehr erlauben können, Caritas verglichen mit anderen Aufgaben der Kirche für zweitrangig zu halten oder sie einfach zu delegieren. Der Caritasverband nimmt den Gemeinden viele Aufgaben ab, besonders solche, die in die Hand von Fachleuten gehören. Dies darf aber nicht dazu führen, dass Christen in den Gemeinden die Hände in den Schoß legen. Gerade der Caritasverband braucht viel Hilfe, um helfen zu können. Gemeindecaritas und Caritasverband sind zwei Seiten des einen kirchlichen Liebesdienstes.

Es werden heute keine Holzschuhe sein, die wir Christen verschenken. Es sind Hilfen vielfältiger Art. Wichtig ist nur, dass wir uns animieren lassen, den Dienst der Caritas zu tun.

Die Bibel und das Handy

Übersetzung aus dem Französischen: Heinrich Bücker

Verfasser unbekannt

Können Sie sich vorstellen, was geschehen würde, wenn wir die Bibel behandeln würden wie unser Handy?
...wenn wir die Bibel in der Kollegmappe, im Handkoffer, am Gürtel oder in unserer Jackentasche mitnehmen würden?
...wenn wir mehrmals am Tag einen Blick darauf werfen würden?
...wenn wir umkehren würden, um sie zu suchen, wenn wir sie zu Hause oder im Büro vergessen haben?
...wenn wir sie benutzen würden, um eine Nachricht an unsere Freunde zu schicken?
...wenn wir sie behandeln würden, als ob wir ohne sie nicht mehr leben könnten?
...wenn wir sie auf Reisen mitnehmen würden für den Fall, dass wir Hilfe und Beistand brauchen?
...wenn wir sie in der Not in die Hand nehmen würden?

Im Gegensatz zum Handy ist die Bibel immer im Netz. Mit ihr haben wir überall Verbindung. Wir brauchen keine Sorge zu haben, dass kein Geld mehr auf der Karte ist, weil durch Jesus die Karte immer voll ist und unbegrenzt.

Besser noch: Die Verbindung ist nie abgebrochen, und der Akku ist für das ganze Leben geladen.

»Sucht den Herrn, solange er sich finden lässt, ruft ihn an, solange er nahe ist« (Jes 55,6).

Notrufnummern

Die Nummer des Herrn: Wählen Sie * Jeremia 33:3.
Er hat folgende Nachricht für Sie hinterlassen:
»Rufe mich an, so will ich dir antworten und dir große, unfassbare Dinge mitteilen, die du nicht kennst.«

Wenn Sie traurig sind,
wählen Sie * Johannes 14.
Wenn die Leute sich gegen Sie äußern,
wählen Sie * Psalm 27.
Wenn Sie mit Ihren Nerven am Ende sind,
wählen Sie * Psalm 51.
Wenn Sie beunruhigt sind,
wählen Sie * Mt 6,19-24.
Wenn Sie in Gefahr sind,
wählen Sie * Psalm 91.
Wenn Gott für Sie weit weg ist,
wählen Sie * Psalm 63.
Wenn Ihr Glaube Stärkung braucht,
wählen Sie * Hebr 11.
Wenn Sie einsam und verlassen sind,
wählen Sie * Psalm 22.
Wenn Sie hart im Urteil sind,
wählen Sie * 1 Kor 13.
Um das Geheimnis des Glücks zu erfahren,
wählen Sie * Kol 3,12-17.

Wenn Sie sich einsam und verlassen fühlen,
wählen Sie * Röm 8,31-39.
Wenn Sie Ruhe und Frieden ersehnen,
wählen Sie * Mt 11,25-30.
Wenn Ihnen die Welt den Blick für Gott verstellt,
wählen Sie * Psalm 90.

Schreiben Sie diese Nummern in Ihren Kalender! Sie sind vielleicht wichtig in einem Augenblick Ihres Lebens!

Und geben Sie diese Nummern an andere weiter; es kann sein, dass eine dieser Notrufnummern ein Leben rettet!